머리말

바야흐로 국제화 시대가 도래했다.

우리나라와 제일 가까이에 있는 일본에 대한 관심 또한 많이 높아졌다고 볼 수 있다. 그러나 관심은 높아졌으나 일본에 대한 이해는 여전히 부족한 것이 사실이다. 일본에 대한 관심과 이해를 충족하기 위한 방법은 많겠지만, 가장 효과적인 방법은 역시 직접 일본인들을 만나 서로간의 이해를 도모하는 것일 것이다. 그러기 위해서는 우선 일본어를 익혀야 하는데, 시중에는 너무나도 많은 학습서가 범람하고 있기 때문에 좋은 교재를 선택하기란 쉽지 않다. 어떤 교재를 선택하든 열심히 공부하면 물론 일본어는 익혀질 터이나, 좀 더 효율적으로 학습하기를 원한다면 보다 좋은 교재를 선택하여 공부하는 것이 최선의 방법일 것이다.

이 책은 입문과 기초 수준의 일본어 회화를 익히려고 하는 사람들을 위해 만든 것으로, 혼자 독학하는 사람들을 대상으로 하기보다는 가르치는 사람을 통해 정확하고 실용적인 일본어를 배울 수 있도록 배려하였다. 그렇기 때문에 자세한 설명이나 문법적인 사항은 교사를 통해 학습하기를 기대하는 바이다. 물론 혼자서도 일본어 학습을 할 수는 있으나, 발음이나 미묘한 뉘앙스 등은 좋은 교사를 통해 배울 필요가 있다. 너무 조급하게 생각하지 말고 한 단계 한 단계씩 차근히 공부하다 보면 본인도 모르는 사이에 어느 정도의 수준에 도달해 있음을 깨닫게 될 것이다.

모쪼록 이 교재를 통해 단기간에 정확한 일본어를 습득하여 국제화 시대에 앞서가는 학습자 여러분이 되시길 빌어 마지않는다.

끝으로 개정판을 내기까지 이 교재를 통해 공부하면서 느낀 점을 솔직히 지적해 주신 많은 학습자들과 교사 분들께 감사드리며, 아울러 다락원의 정효섭 사장님 이하 일본어 편집부 여러분들께 마음 가득한 감사를 드리고 싶다.

저자 씀

이 책을 사용하시는 분들에게

1

본 책은 다락원 'Upgrade 일본어 시리즈'의 개정판 제2단계 교재로, 기초 문법과 회화를 동시에 학습하는 커뮤니케이션 중심 기초 교재입니다.

2

전체 구성은 1과부터 18과까지 일본어 기초 문법과 회화를 동시에 학습하는 내용으로 되어 있습니다.

3

각 과는 학습포인트, 단어, 회화, 한자 읽기, 문법, 새로 나온 단어, 연습문제, 포인트회화, 일본어광장으로 구성되어 있습니다.

골인점을 알고 가자!
매 과마다 목표로 하는 **학습포인트**를 쉽게 확인할 수 있습니다.

머리에 쏙쏙! 연상기억법으로 기억하자!
연상법을 통해 한번에 **단어**를 기억할 수 있습니다.

입에서 술술 ~ 막힘 없이 대화하자!
쉬운 대화문으로 막힘 없는 **회화**가 가능합니다.

포인트만 콕콕! 요점만 간단하게!
포인트만 짚어주는 **문법** 학습으로 빠른 시간 안에 일본어의 체계를 잡을 수 있습니다.

자신감이 팍팍! 실력이 쑥쑥!
듣기 연습, 말하기 연습, 듣고 쓰는 연습, 읽고 쓰는 **연습문제**를 통해 실력을 다질 수 있습니다.

말하는 재미가 쏠쏠! 바로바로 써먹자!
포인트회화를 외워서 일상회화에 그대로 사용해 보세요.

재미와 학습을 동시에~!
단어 연습을 겸한 퍼즐과 재미있는 일본어 표현을 실은 **일본어광장**을 통해 일본어에 대한 흥미를 높일 수 있습니다.

4

부록에는 연습문제 듣기대본, 연습문제 및 퍼즐 정답을 실었습니다.

5

MP3 파일은 단어, 회화, 연습문제, 포인트회화를 제공합니다.

학습목표

01 予約はしてありますか
1. (동사) ～てある　　2. (동사) ～ておく　　3. (동사) ～てしまう
4. (동사) ～所　　5. ところで

02 よく覚えていないんです
1. ～んだ(のだ)　　2. ～に(会う、乗る、似ている)　　3. ～つもり
4. (동사) ～ない　　5. 신체 및 컨디션 관련 표현

03 日本の歌も歌うことができます
1. (동사) ～た(だ)　　2. ～たことがある／ない　　3. ～た＋명사
4. ～たり～たりする　　5. (동사 원형) ～ことができる

04 会社が終わったあとで相談しましょう
1. ～かね　　2. ～でも　　3. ～たほうがいい
4. ～たあとで　　5. ～たら

05 わざわざ行かなくてもいいです
1. ～なくてもいい　　2. ～(に、く)なる　　3. ～ないほうがいい
4. なかなか～ない　　5. ～ないでください　　6. ～すぎる
7. ～ないようにする

06 むらさき色がはやっているそうです
1. ～こと　　2. (동사 원형) ～よていだ　　3. (동사) ～てくる
4. (～によると) ～そうだ　　5. ～(に) 詳しい

07 金さんも受けると言っていました
1. (동사 원형) ～ことにする　　2. ～まであと　　3. (동사 원형) ～ためには
4. ～なければならない　　5. (동사 원형) ～と言う　　6. ～ないで

08 会社をやめようと思っています
1. ～う／よう　　2. ～(よ)うと思う
3. ～わけではない　　4. ～ですけど

09 妹が作ってくれたものです
1. (～に) ～をあげる　　2. (～に) ～てあげる　　3. (～が) ～をくれる
4. (～が) ～てくれる　　5. (～に／から) ～をもらう　　6. (～に) ～てもらう

10 出張に行かなければなりません
1. ～ば
2. ～(ない)かも知れない
3. ～てほしい／～ないでほしい
4. ～がうまい

11 少しやせたようですよ
1. ～ようだ
2. ～らしい
3. ～そうだ
4. (명사, な형용사) ～なので
5. ～あたり

12 日本の新聞が読めますか
1. (～が) ～eる／られる
2. ～なら (～)できる
3. (동사의 ます형) ～方
4. (～が／は) 分かる
5. ～なくちゃ(＝なくてはならない)

13 忙しかったら無理しなくてもいいですよ
1. ～たばかりだ
2. (동사 원형) ～と
3. ～てくださいませんか
4. ～なら

14 一人でも気楽に行けるようになりました
1. ～(の)うち
2. ～ようになる／ないようになる
3. ～で
4. ～ように／ないように
5. ～ようにする／ないようにする

15 一時間も待たされました
1. (동사) ～れる／られる
2. ～される／させられる
3. ～も
4. 인사 표현

16 一年間勉強させるつもりです
1. (동사) ～せる／させる
2. ～たがる
3. とりあえず
4. ～しか～ない

17 こちらにおかけになってください
1. お(ご)～する
2. お(ご)～になる
3. お(ご)～いたす
4. せっかく
5. お(ご)～ください

18 日本にいらっしゃる方ですか
1. (동사) ～れる／られる
2. ～させていただく
3. 특별한 형을 갖는 경어동사

차례

01	予約はしてありますか …………………………… 10
02	よく覚えていないんです …………………………… 18
03	日本の歌も歌うことができます ………………… 26
04	会社が終わったあとで相談しましょう ………… 36
05	わざわざ行かなくてもいいです ………………… 44
06	むらさき色がはやっているそうです …………… 52
07	金さんも受けると言っていました ……………… 62
08	会社をやめようと思っています ………………… 70
09	妹が作ってくれたものです ……………………… 78
10	出張に行かなければなりません ………………… 88
11	少しやせたようですよ …………………………… 96
12	日本の新聞が読めますか ………………………… 104
13	忙しかったら無理しなくてもいいですよ ……… 114
14	一人でも気楽に行けるようになりました …… 122
15	一時間も待たされました ………………………… 130
16	一年間勉強させるつもりです …………………… 140
17	こちらにおかけになってください ……………… 148
18	日本にいらっしゃる方ですか …………………… 156
부록	연습문제 듣기대본 ……………………………… 166
	연습문제 및 퍼즐 정답 ………………………… 171

01 予約はしてありますか

学習ポイント

1 飛行機の予約はしてありますか。
2 先週電話でしておきました。
3 勝手に決めてしまいました.

単語 Track 01

泊まる 머물다, 묵다

ホテル 호텔

伝統 전통

楽しみ 기대

～てある ～되어 있다

ほか 다른, 그 외

勝手に 멋대로, 맘대로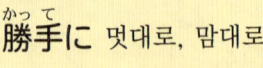

準備 준비

決める 결정하다

日本 일본

旅館 여관

予約 예약

～ておく ～해 두다

スケジュール 스케줄, 일정

～てしまう ～해 버리다

会話

金　：泊まる所は決めましたか。

石井：はい、決めました。

金　：ホテルですか。

石井：日本の伝統的な旅館にしました。

金　：楽しみですね。ところで、飛行機の予約はしてありますか。

石井：はい、先週電話でしておきました。

金　：ほかのスケジュールはどうですか。

石井：私が勝手に決めてしまいました。

金　：じゃ、準備はOKですね。

01 (동사) ～てある　～되어 있다

예) 飛行機の予約はしてありますか。
辞書はつくえの上においてあります。
ドアが開けてあります。

02 (동사) ～ておく　～해 두다

예) 料理を作っておきます。
部屋はきれいに掃除しておきました。
電話で連絡しておきましょう。

03 (동사) ～てしまう　～해 버리다

예) 私が勝手に決めてしまいました。
きのうお金を2万円も使ってしまいました。
雨の中を歩いて、風邪を引いてしまいました。

새로 나온 단어

- おく(置く) 두다, 놓다
- つくる(作る) 만들다
- れんらくする(連絡する) 연락하다
- おかね(お金) 돈
- あめ(雨) 비
- かぜをひく(風邪を引く) 감기에 걸리다

04 (동사) 〜所 〜(할) 곳, 장소

예) 行く所はありますか。
座る所もありません。
洗濯物を干す所はありませんか。

05 ところで 그런데 (다른 화제로 돌리고 싶을 때)

예) A : お元気ですか。
B : おかげさまで。
A : ところで、息子さんが大学に合格したと聞きました。
　　おめでとうございます。

暑い夏はビールが一番です。ところで、一番おいしいビールは何ですか。

- すわる(座る) 앉다
- おかげさまで 덕분에
- おめでとうございます 축하합니다
- せんたくもの(洗濯物) 세탁물
- むすこさん(息子さん) 아드님
- ビール 맥주
- ほす(干す) 말리다
- ごうかくする(合格する) 합격하다
- いちばん(一番) 가장, 제일

1 다음을 듣고 내용과 일치하는 것에 V를 해 봅시다.

①    ②

2 다음 그림을 보고 상황을 설명해 봅시다.

①
止める

駐車場に車が＿＿＿＿てあります。

②
開ける

部屋のドアが＿＿＿＿てあります。

③
咲く

図書館の前に桜（さくら）が＿＿＿＿ています。

Track 03

3 다음 그림을 보면서 대화해 봅시다.

①
掃除する

A：部屋は＿＿＿＿＿てありますか。
B：はい、もう＿＿＿＿＿ておきました。

②
買う

A：飲み物は＿＿＿＿＿てありますか。
B：はい、もう＿＿＿＿＿ておきました。

③
コピーする

A：資料は＿＿＿＿＿てありますか。
B：はい、もう＿＿＿＿＿ておきました。

4 주어진 동사를 알맞은 형태로 바꿔 써 넣어 봅시다.

① 一日で本を全部(読む)＿＿＿＿＿しまいました。

② 彼はもう家へ(帰る)＿＿＿＿＿しまいました。

③ 弟が帰る前にお菓子をぜんぶ(食べる)＿＿＿＿＿しまいました。

새로 나온 단어

☐ コピーする 복사하다　　☐ 資料 자료　　☐ 一日 하루
☐ 全部 전부　　☐ お菓子 과자

5 다음 문장을 읽고 질문에 맞는 답을 골라 봅시다.

石井さんと金さんは日本へ行きます。泊まる所が決まって、石井さんが金さんに電話をしました。二人は日本の伝統的な旅館に泊まります。先週飛行機も予約しておきました。ほかのスケジュールも全部石井さんが決めました。旅行の準備はOKです。

(1) 石井さんが金さんに電話したのは、なぜですか。
　　① 飛行機が決まったから
　　② スケジュールが決まらなかったから
　　③ 金さんが日本へ行かないから
　　④ 泊まる所が決まったから

(2) 上の文の内容と合っているものはどれですか。
　　① 二人はホテルに泊まります。
　　② 金さんが石井さんに電話をしました。
　　③ 石井さんがスケジュールを決めました。
　　④ 旅行の準備はまだです。

새로 나온 단어

☐ 決まる 정해지다　　☐ なぜ 왜　　☐ 文 문장　　☐ 合う 맞다　　☐ 旅行 여행

Track 04 ポイント 会話

1 확인 표현

ミンさん、映画の切符は 買っておきましたか。

はい、さっき買っておきました。

2 화제 전환

もうすぐ夏休みですね。ところで、ソンさん、夏休みは どうしますか。

韓国へ帰ります。

02 よく覚えていないんです

学習ポイント

1 どうかしたんですか。
2 一杯だけするつもりでしたが。
3 신체 및 컨디션 관련 표현

Track 05 **単語**

～んだ ～이다

悪い 나쁘다

ほんとうに 정말로

～か ～인가

一杯 한잔

つもり 예정, 계획, 생각

よく 잘

～ない ～지 않다

顔色 얼굴색, 안색

いや 아니요

まいる 두 손 들다, 질리다

久しぶりに 오랜만에

～だけ ～만

二日よい 숙취

覚える 기억하다

無理だ 무리다

Track 06 会話

雅子 ： 石井さん、どうかしたんですか。顔色が悪いですね。

石井 ： いや。きのうはほんとうにまいりましたよ。

雅子 ： 何かあったんですか。

石井 ： 久しぶりに友だちに会って、一杯だけするつもりでしたが。

雅子 ： 二日よいですね。何時に家へ帰りましたか。

石井 ： それがよく覚えていないんです。

雅子 ： じゃ、今日の会議は無理ですね。

01 〜んだ(のだ)　〜이다 (이유를 설명하거나 주관적 생각을 나타낼 때)

예) A : どうかした**ん**ですか。
　　B : ちょっと風邪な**ん**です。
　　今度こそ必ず合格したい**ん**です。

02 〜に (会う、乗る、似ている) 등의 동사
　　〜을 (만나다, 타다, 닮았다)

예) 友だち**に**会って一杯だけするつもりだった。
　　地下鉄**に**乗って行きましょう。
　　弟は父**に**似ています。

03 〜つもり　〜할 생각 (예정, 계획)

예) 日本の友だちにソウルを案内する**つもり**です。
　　来年は日本へ行く**つもり**です。
　　日本語と中国語を勉強する**つもり**です。

04 (동사) 〜ない　〜지 않다

예) それがよく覚えて**いない**んです。
　　日曜日は何もし**ない**。
　　李さんはまだ結婚して**いない**人です。

새로 나온 단어

- 〜こそ ~야말로
- あんないする(案内する) 안내하다
- けっこんする(結婚する) 결혼하다
- のる(乗る) 타다
- ちゅうごくご(中国語) 중국어
- にる(似る) 닮다
- なにも(何も) 아무것도

 동사의 ない형

	기본형(사전형)		ない형
5단동사 (1그룹동사)	買う(사다) 書く(쓰다) 読む(읽다)	→ → →	買わない(사지 않다) 書かない(쓰지 않다) 読まない(읽지 않다)
1단동사 (2그룹동사)	起きる(일어나다) 食べる(먹다)	→ →	起きない(일어나지 않다) 食べない(먹지 않다)
불규칙동사 (3그룹동사)	する(하다) 来る(오다)	→ →	しない(하지 않다) 来ない(오지 않다)

05 신체 및 컨디션 관련 표현

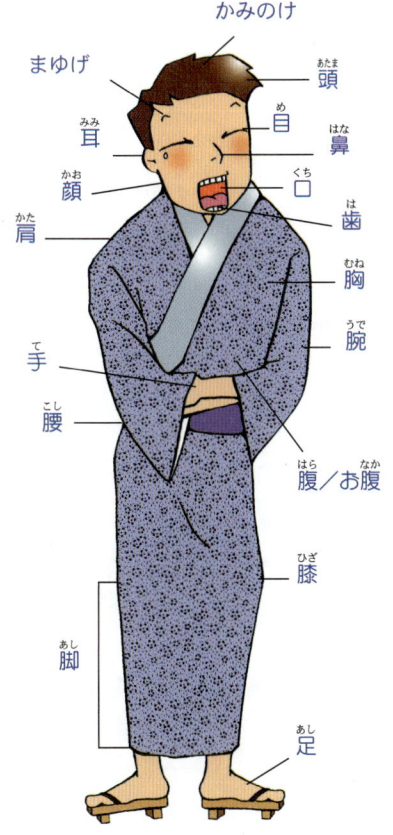

頭が痛い
(머리가 아프다)

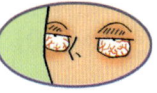
目が赤い
(눈이 빨갛다)

顔色が悪い
(안색이 나쁘다)

鼻がつまる
(코가 막히다)

せきが出る
(기침이 나다)

歯が痛い
(이가 아프다)

お腹が痛い
(배가 아프다)

肩がこる, 肩がはる
(어깨가 결리다)

腰が痛い
(허리가 아프다)

1 다음을 듣고 내용과 다른 것에 V를 해 봅시다.

ⓐ   ⓑ   ⓒ   ⓓ

2 예 와 같이 대화해 봅시다.

> 예   A：その本はもう読みましたか。
>   B：いいえ、まだ<u>読んでいない</u>んです。

① A：お父さんはもう帰りましたか。
　 B：いいえ、まだ_____んです。

② A：李さんは結婚していますか。
　 B：いいえ、まだ_____んです。

③ A：レポートはもう書きましたか。
　 B：いいえ、まだ_____んです。

3 다음 그림을 보면서 말해 봅시다.

①
吸う

先輩はたばこを＿＿＿＿ますが、
私は＿＿＿＿ないです。

②
勉強する

姉は＿＿＿＿ますが、
私は＿＿＿＿ないです。

③
食べる

李さんはさしみを＿＿＿＿ますが、
私は＿＿＿＿ないです。

4 빈칸에 알맞은 조사를 다음에서 골라 써 봅시다.

① 私はバス＿＿＿乗って学校へ行きます。
② 久しぶりに友だち＿＿＿会いました。
③ 妹は母＿＿＿似ています。

새로 나온 단어

□ 先輩 선배　　　　　□ さしみ 생선회

5 다음 문장을 읽고 질문에 맞는 답을 골라 봅시다.

今日の石井さんは顔色が悪いです。きのう石井さんは久しぶりに友だちに会いました。友だちに会ってお酒を飲みました。一杯だけするつもりでしたが、たくさん飲んでしまいました。何時に家へ帰ったのかも覚えていないです。今日の会議は無理です。

(1) 石井さんの顔色が悪いのは、なぜですか。
　　① かぜで
　　② 二日よいで
　　③ 忙しくて
　　④ 会議で

(2) 石井さんが覚えていないのは、何ですか。
　　① 家へ帰った時間
　　② 友だちに会ったこと
　　③ お酒を飲んだ時間
　　④ 会議をすること

ポイント会話

Track 08

1 안부 표현

石井さん、どうかしたんですか。
顔色が悪いですね。

二日よいで。

2 예정

金さんも日本へ行きますか。

はい、来年日本へ
行くつもりです。

03 日本の歌も歌うことができます

学習ポイント

1 最近カラオケに行ったことがありますか。
2 金さんと一緒に行ったみせです。
3 飲んだり、歌ったりするのが一番いいですね。
4 日本の歌も歌うことができます。

単語 Track 09

最近 (さいきん) 최근, 요즘

カラオケ 노래방

～(た)ことがある ～(한) 적이 있다

あまり 별로

どこか 어딘가

歌 (うた) 노래

歌う (うた) 노래 부르다

できる 할 수 있다

ストレス 스트레스

たまる 쌓이다

～(た)時 (とき) ～(했을) 때

～たり～たりする ～하거나 ～하거나 하다

石井：最近カラオケに行ったことがありますか。

李　：あまりありませんね。

石井：じゃ、久しぶりにカラオケに行きませんか。

李　：いいですね。どこかいい所がありますか。

石井：あの、この前の新村の店はどうですか。

雅子：あ、金さんと一緒に行った店ですね。

石井：あそこは日本の歌も歌うことができるでしょう。

雅子：ええ、ストレスがたまった時は、やっぱり飲んだり、歌ったりするのが一番いいですね。

01 (동사) ~た(だ) ~었다 (과거)

예) 金さんと一緒に行った。

	기본형		과거형		て형
동사의 과거형 / 5단동사 (1그룹동사)	言う(말하다)	→	言った(말했다)	=	言って
	打つ(치다)	→	打った(쳤다)	=	打って
	送る(보내다)	→	送った(보냈다)	=	送って
	書く(쓰다)	→	書いた(썼다)	=	書いて
	急ぐ(서두르다)	→	急いだ(서둘렀다)	=	急いで
	死ぬ(죽다)	→	死んだ(죽었다)	=	死んで
	飛ぶ(날다)	→	飛んだ(날았다)	=	飛んで
	読む(읽다)	→	読んだ(읽었다)	=	読んで
	話す(이야기하다)	→	話した(이야기했다)	=	話して
1단동사 (2그룹동사)	見る(보다)	→	見た(보았다)	=	見て
	寝る(자다)	→	寝た(잤다)	=	寝て
불규칙동사 (3그룹동사)	する(하다)	→	した(했다)	=	して
	来る(오다)	→	来た(왔다)	=	来て

※ 行く → 行った(O), 行いた(X)
※ ~て = ~た・~たり・~たら

02 ~たことがある/ない ~한 적이 있다/없다

예) 日本の演劇を見たことがあります。
日本の小説を読んだことがないです。
まだ日本へ行ったことはありません。

03　～た ＋ 명사　～한, ～했던

例　ストレスがたまった時は、カラオケが一番いいです。
　　着物(きもの)を着(き)た人が田中由美(たなかゆみ)さんです。
　　ゆうべ食べた料理はほんとうにおいしかったです。

04　～たり～たりする　～하기도 하고 ～하기도 한다

例　友だちと飲んだり、歌ったりするのが一番です。
　　父は仕事で日本に行ったり来たりしています。
　　休(やす)みの日(ひ)は友だちとよく映画を見たり、ショッピングをしたり
　　しています。

05　(동사 원형) ～ことができる　～할 수 있다

例　日本の歌を歌うことができますか。
　　私は英語で話すことができます。
　　彼は自転車(じてんしゃ)に乗ることができます。

새로 나온 단어

- えんげき(演劇) 연극
- きもの(着物) 일본 전통 의상, 의복
- ゆうべ 어젯밤
- やすみのひ(休みの日) 휴일, 쉬는 날
- じてんしゃ(自転車) 자전거

1 다음을 듣고 내용과 일치하는 그림을 ⓐ, ⓑ, ⓒ에서 골라 봅시다.

2 다음을 예와 같이 바꿔 써 봅시다.

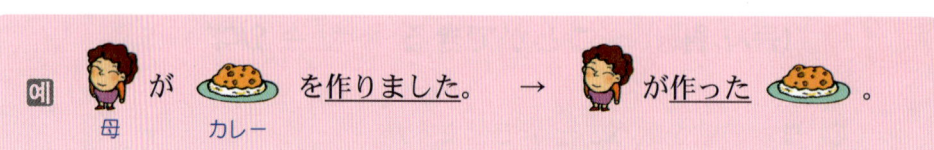

① 李さん が 会社 に就職しました。 → 李さん が ＿＿＿＿ 会社 。

② 図書館 で 本 を借りました。 → 図書館 で ＿＿＿＿ 本 。

③ 妹 と 演劇 を見ました。 → 妹 と ＿＿＿＿ 演劇 。

Track 11

3 다음 질문 에 대하여 그림을 보면서 대답해 봅시다.

> 질문 日曜日に何をしますか。

① 私は音楽を ＿＿聞く＿＿ たり、テレビを ＿＿見る＿＿ たりします。

② 私は料理を ＿＿作る＿＿ たり、＿＿掃除する＿＿ たりします。

③ 私は友だちに ＿＿会う＿＿ たり、図書館に ＿＿行く＿＿ たりします。

4 주어진 단어를 써서 대화해 봅시다.

① 中国／行く
A：田中さんは＿＿＿＿へ＿＿＿＿ことがありますか。
B：はい、私は＿＿＿＿へ＿＿＿＿ことがあります。

② 飛行機／乗る
A：高橋さんは＿＿＿＿に＿＿＿＿ことがありますか。
B：はい、私は＿＿＿＿に＿＿＿＿ことがあります。

③ 日本の小説／読む
A：朴さんは＿＿＿＿＿を＿＿＿＿ことがありますか。
B：いいえ、私は＿＿＿＿＿を＿＿＿＿ことはありません。

새로 나온 단어

☐ カレー 카레　　☐ 就職(しゅうしょく) 취직　　☐ 借(か)りる 빌리다

5 다음 문장을 읽고 질문에 맞는 답을 골라 봅시다.

> 李さんは最近あまりカラオケには行っていません。石井さんは李さんに「久しぶりにカラオケに行きましょう。」と言いました。この前石井さんが金さんと一緒に行った新村のカラオケは、日本の歌も歌うことができます。今日は営業部の崔さんもいっしょに行きます。ストレスがたまった時は、やっぱり飲んだり、歌ったりするのが一番いいです。

(1) 今日一緒にカラオケに行かないのは誰ですか。
　　① 李さん
　　② 金さん
　　③ 崔さん
　　④ 石井さん

(2) 上の文の内容と合っているものはどれですか。
　　① ストレスがたまった時は運動が一番です。
　　② 韓国のカラオケでは日本の歌を歌うことができません。
　　③ 李さんが石井さんに「カラオケに行きましょう。」と言いました。
　　④ 石井さんは金さんと一緒に新村のカラオケに行ったことがあります。

새로 나온 단어

☐ 営業部 영업부　　　　　　　　　　　☐ 運動 운동

Track 12　ポイント　会話

1 경험 묻기

ソンさんは日本へ行ったことがありますか。

いいえ、まだです。

2 일상 묻기

ソンさんは休みの日、何をしますか。

ショッピングをしたり、映画を見たりします。

🔲 クロスワード

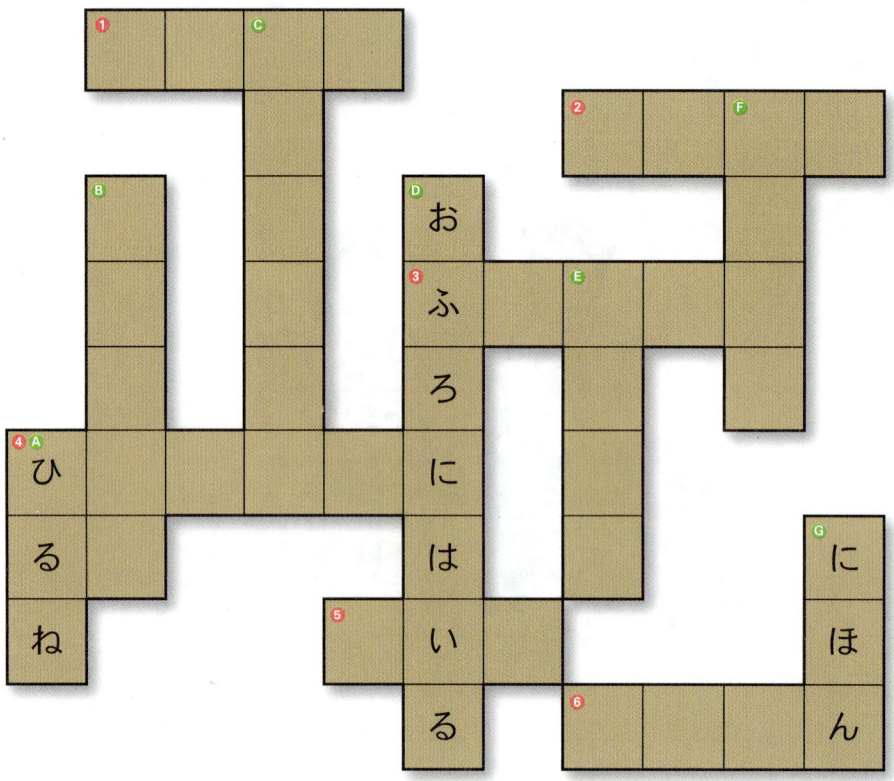

よこのかぎ (가로열쇠)
1. 기억하다
2. 합격
3. 숙취
4. 오랜만에
5. 두 손 들다, 질리다
6. 여관

たてのかぎ (세로열쇠)
A. 낮잠
B. 아드님
C. 영업부
D. 목욕하다
E. 멋대로, 맘대로
F. 안색
G. 일본

数字言葉
   すう じ こと ば

日本語広場

※ 일본어에서 숫자가 들어가는 재미있는 단어들을 학습해 봅시다.

一姫二太郎
   いちひめ に た ろう

「一姫二太郎」는 '첫째는 공주, 둘째는 장남'이라는 뜻으로 '처음에는 딸이 좋다'는 의미를 나타내는 말이다. 일본에서는 일반적으로 여자 아이가 남자 아이보다 병에도 잘 걸리지 않고 키우기 쉽다고 여겨지고 있다. 따라서 첫 아이가 딸이면 엄마가 많이 힘들지 않고 이상적인 육아를 할 수 있어서 좋다는 의미이다. 첫 아이는 대개 후계자로 삼을 남자 아이를 희망하기 때문에, 한편으로는 여자 아이가 태어나도 실망하지 않도록 위로하는 의미가 담겨 있다고도 볼 수 있다. 그런데 요즘에는 이 뜻을 '딸 하나에 아들 둘'과 같이 삼형제가 좋다는 식으로 해석하는 경우가 있다. 그러나「太郎」는 어디까지나 '장남'을 뜻하는 단어로서, '장남이 둘'이라는 것은 불가능하므로 '삼형제가 좋다'는 뜻으로 보는 것은 잘못된 해석이다.

一富士、二鷹、三茄子
   いちふじ に たか さんなすび

일본에서는 예부터 새해에 꿈에서 보면 좋은 것으로 「一富士、二鷹、三茄子」를 든다. 첫째는 '후지산', 둘째는 '매', 셋째는 '가지'를 뜻하며, 신년에 꿈에서 이것을 보면 운수가 대통한다는 것이다. 왜 이런 순서가 되었는지 그 유래 또한 다양한데, 예를 들어 徳川家康가 (とくがわいえやす) '후지산, 매사냥, 가지요리'를 좋아했기 때문이라는 말도 있고, '후지산은 제일 높아서, 매는 제일 머리가 좋고 강해서, 가지는 어떤 일을 이룬다(成す)는 뜻과 같기 때문' (な) 이라는 말도 있다. 여하간 '돼지'나 '용'꿈을 꾸면 운이 좋다는 우리와는 사뭇 다른 것 같다.

二枚目
   に まい め

「二枚目」는 직역하면 '두 번째 종이'라는 뜻이지만, 일반적으로 '미남, 호남'을 뜻하는 말이다.「二枚目」의 어원은 근세 가부키 극장 앞에 걸려 있는 여덟 장의 간판에 첫째 장에는 주연 배우, 둘째 장에는 미남 역, 셋째 장에는 웃기는 역의 이름이 쓰여 있었던 것에서 유래한다.

04 会社が終わったあとで相談しましょう

学習ポイント

1 ドライブにでも行きましょうか。
2 二人で相談して決めたほうがいいです。
3 会社が終わったあとでゆっくり相談しましょう。
4 いい所があったらそこでしましょうか。

単語 Track 13

気晴らし 기분 전환

いろいろ 여러 가지

～でも ～라도

これから 이제부터

今晩 오늘밤

～あとで ～(한) 뒤에

お昼 점심 식사

～たら ～면

～かね ～일까요

ドライブ 드라이브

コース 코스

相談する 의논하다

終わる 끝나다

ゆっくり 천천히

途中で 도중에

李　　：今度の土曜日、何をするつもりですか。

雅子：そうですね。何か気晴らしできることないですかね。

　　　最近会社でいろいろありまして……。

李　　：そうですか。じゃ、ドライブにでも行きましょうか。

雅子：それはいいですね。どこかいいドライブコースでもありますか。

李　　：そうですね、コースはこれから二人で相談して決めたほうが

　　　いいでしょうね。

雅子：じゃ、今晩会社が終わったあとでゆっくり相談してみましょう。

李　　：ところで、お昼はどうしましょうか。

雅子：ドライブの途中でいい所があったら、そこでしましょうか。

01 〜かね   〜일까요/〜이냐 (부정적인 의미)

예) 本当ですかね。
彼はまじめですかね。
あの人が金さんの彼氏ですかね。

02 〜でも   〜라도

예) ドライブにでも行きましょうか。
はじめての人でもすぐできます。
コーヒーでも飲みませんか。

03 〜たほうがいい   〜하는 편이 좋다

예) 二人で相談して決めたほうがいいです。
暑いですから窓を開けたほうがいいですね。
風邪だからゆっくり休んだほうがいいです。

새로 나온 단어

- ほんとう(本当) 정말, 사실
- すぐ 금방, 곧
- まじめだ(真面目だ) 성실하다
- まど(窓) 창문
- はじめて 처음

04 　～たあとで　(～한) 뒤에

例　会社が終わったあとでゆっくり相談してみましょう。
　　テニスをしたあとでお風呂(ふろ)に入(はい)りました。
　　雨がやんだあとで散歩(さんぽ)しました。

05 　～たら　～면

例　ドライブの途中でいい所があったら、そこで食べましょうか。
　　試験(しけん)が終わったら、買い物に行きましょう。
　　彼氏ができたら一緒に遊びに来てください。

- おふろにはいる(お風呂に入る) 목욕하다
- さんぽする(散歩する) 산책하다
- やむ(止む) (비가) 그치다
- できる 생기다

1 다음을 듣고 내가 아침에 하는 일을 순서대로 나열해 봅시다.

①  ②

③  ④

2 다음 그림을 보면서 대화해 봅시다.

①

A：彼氏が_____たら、何をしますか。
B：彼氏が_____たら、_____てみたいです。

彼氏ができる／テーマパークに行く

②

A：夏休みに____たら、何をしますか。
B：夏休みに____たら、_____てみたいです。

夏休みになる／海外旅行をする

Track 15

3 다음 그림을 보면서 말해 봅시다.

①
薬を飲む

風邪をひいた時は＿＿＿＿＿ほうがいいです。

②
ゆっくり休む

体の具合が悪い時は＿＿＿＿＿ほうがいいです。

③
眼鏡をかける

よく見えない時は＿＿＿＿＿ほうがいいです。

4 주어진 동사를 ～たあと(で)를 이용하여 바꿔 써 봅시다.

① キムチを(入れる)＿＿＿＿＿＿お水を入れます。

② お風呂に(入る)＿＿＿＿＿＿すぐ寝ます。

③ 雨が(やむ)＿＿＿＿＿＿家へ帰ります。

새로 나온 단어

□ テーマパーク 테마파크　　□ 海外旅行(かいがいりょこう) 해외여행

5 다음 문장을 읽고 질문에 맞는 답을 골라 봅시다.

山田さんは最近会社でいろいろあって、ストレスがたまっています。何か気晴らしをした方がいいです。李さんが山田さんに「ドライブにでも行きましょう。」と言いました。ドライブコースは会社が終わったあとでゆっくり相談して決めます。ドライブの途中でいい所があったら、そこでお昼を食べます。

(1) 山田さんはどうしてストレスがたまっていますか。
　　① ドライブに行くから
　　② 会社でいろいろあったから
　　③ ドライブコースが決まらなかったから
　　④ 会社が終わったあとで相談するから

(2) まだ決まっていないのはどれですか。
　　① ドライブすること
　　② 相談する時間
　　③ ドライブコース
　　④ お昼を食べるタイミング

새로 나온 단어

□ タイミング 타이밍

Track 16 **ポイント** 会話

1 시간 표현

チェックインする前に出かけてもいいですか。

いいえ、チェックインした後で出かけた方がいいです。

2 조언 표현

あした、朝早く会議があります。

それじゃ、今日は早く寝た方がいいですね。

05 わざわざ行かなくてもいいです

学習ポイント

1 わざわざ買い物に行かなくてもいいです。
2 要らないものは買わないほうがいいです。
3 あまり自分をせめないでください。
4 これからは見すぎないようにします。

単語 (Track 17)

Tシャツ 티셔츠	かわいい 귀엽다
ホームショッピング 홈쇼핑	はやる 유행하다
わざわざ 일부러	買い物 쇼핑
～うちに (～하는) 동안에	ほしい 갖고 싶다, 사고 싶다
～くなる ～하게 되다	もの 것, 물건
なかなか 좀처럼	実行する 실행하다
あまり 너무, 지나치게	自分 자기 자신, 나
せめる 책망하다	～ないでください ～지 마세요
～すぎる 너무 ～하다	

Track 18 会話

エリカ ： そのTシャツ、かわいいですね。

宋（ソン） ： ホームショッピングで買ったんです。

エリカ ： そうですか。最近はほんとうにはやっていますね。

宋 ： わざわざ買い物に行かなくてもいいので……。

エリカ ： でも、見ているうちに全部ほしくなりますから

　　　　　それがちょっと困りますね。

宋 ： 要らないものは買わないほうがいいと思うんですけど

　　　　　なかなか実行できなくて。

エリカ ： あまり自分をせめないでください。

宋 ： これからは見すぎないようにします。

01 ～なくてもいい　～지 않아도 된다

예) わざわざ買い物に行かなくてもいいです。
レポートは日本語で書かなくてもいいです。
忙しい時は無理して来なくてもいいです。

02 ～(に、く)なる　～하게 되다

예) 彼女は最近きれいになりました。
新しいデジカメがほしくなりました。
最近忙しくなって、遊びに行く時間もありません。

03 ～ないほうがいい　～지 않는 편이 좋다

예) 要らないものは買わないほうがいいです。
そんな時には何もしないほうがいいです。
風邪の時はお風呂には入らないほうがいいですよ。

04 なかなか～ない　좀처럼 ～않다

예) なかなか実行できなくて。
なかなかうまくできませんね。
探してもなかなか見つからなかった。

- あたらしい(新しい) 새롭다
- みつかる(見つかる) 발견되다

05　〜ないでください　〜지 마세요

예) あまり自分をせめないでください。
　　恥ずかしいですから見ないでください。
　　約束の時間に遅れないでください。

06　〜すぎる　너무 〜하다

예) 歩きすぎて疲れました。
　　ゆうべ飲みすぎて頭が痛い。
　　この本は難しすぎて分かりません。

07　〜ないようにする　〜지 않도록 하다

예) これからは見すぎないようにします。
　　必ず失敗しないようにします。
　　風邪をひかないようにします。

- はずかしい(恥ずかしい) 부끄럽다
- おくれる(遅れる) 늦어지다, 늦다
- やくそく(約束) 약속
- しっぱいする(失敗する) 실패하다

1 다음을 잘 듣고 내용과 일치하는 것에 V 해 봅시다.

ⓐ 毎日病院へ行く。

ⓑ 薬は飲まない。

ⓒ たばこはやめる。

ⓓ お酒は飲まない。

2 그림을 보고 말해 봅시다.

①

食べる　　　夜遅くたくさん_____ない方がいいです。

②

行く　　　雪の日は車で_____ない方がいいです。

③

飲みすぎる　　　お酒は_____ない方がいいです。

새로 나온 단어

☐ 薬 약　　　☐ やめる 끊다　　　☐ 遅い 늦다

Track 19

3 다음 그림을 보면서 대화해 봅시다.

①
吸う

A：たばこを＿＿＿てもいいですか。
B：いいえ、たばこは＿＿＿ないでください。

② A：テレビを＿＿＿てもいいですか。
B：いいえ、テレビは＿＿＿ないでください。

見る

③

A：コンピューターを＿＿＿てもいいですか。
B：いいえ、コンピューターは＿＿＿ないでください。

使う

4 보기 에서 상황에 맞는 표현을 골라 문장을 완성해 봅시다.

| 보기　なくてもいいです　ないほうがいいです |

①
来る

あしたの会議には来＿＿＿＿＿＿＿＿＿＿。

②
お風呂に入る

今日はお風呂に入＿＿＿＿＿＿＿＿＿＿＿。

05　わざわざ行かなくてもいいです

5 다음 문장을 읽고 질문에 맞는 답을 골라 봅시다.

宋さんがホームショッピングでかわいいＴシャツを買いました。最近ホームショッピングがとてもはやっています。ホームショッピングはわざわざ買い物に行かなくてもいいですが、見ているうちに全部ほしくなるのは困ります。また、要らないものまで買ってしまうこともあります。宋さんはこれからホームショッピングを<u>見すぎない</u>ようにすると言いました。

(1) 上の文の内容と合っていないものはどれですか。
　　① 宋さんがホームショッピングで買ったのはかわいいＴシャツです。
　　② ホームショッピングはわざわざ買い物に行かなくてもいいです。
　　③ 最近ホームショッピングを利用する人がとても多いです。
　　④ 宋さんは要らないものは絶対に買いません。

(2)「見すぎない」の意味はどれですか。
　　① たくさん見る
　　② 絶対に見ない
　　③ たくさんは見ない
　　④ 見たほうがいい

새로 나온 단어

□ 利用する 이용하다　　　□ 絶対に 절대로　　　□ 意味 의미

Track 20 ポイント会話

1 조언 표현

お母さん、コーラ、飲みたい。

コーラは体によくないから
あまり飲まない方がいいよ。

2 명령 표현

今日も友だちと
約束があります。

お酒はあまり飲まないでください。

06 むらさき色がはやっているそうです

学習ポイント

1 行く**よてい**です。
2 このごろかなり**冷え込んで**きました。
3 店の人**によると**この秋はむらさき色がはやっている**そうです**。

Track 21 単語

趣味 취미
いろんな 여러 가지
いわゆる 소위, 이른바
〜とか 〜나
〜など 〜 등
転換 전환
このごろ 요즘
冷え込む 갑자기 기온이 떨어지다
〜によると 〜에 따르면, 〜에 의하면
〜そうだ 〜라고 한다
詳しい 자세하다, 상세하다

市場 시장
服 옷
デザイン 디자인
色 색, 색깔
気分 기분
よてい 예정
かなり 꽤, 상당히
〜てくる 〜해져 오다, 〜해지다
むらさき色 보라색
なるほど 과연

石井 ： 趣味は何ですか。

宋 ： トンデームン市場へ行っていろんな服を見ることです。

石井 ： いわゆる、買い物ですね。

宋 ： はい、今はやっているデザインとか色などを見ることは気分転換になります。

石井 ： 今度の日曜日も行くつもりですか。

宋 ： ええ、行くよていです。

石井 ： このごろかなり冷え込んできて、セーターがほしくなりました。

宋 ： それじゃ、一緒に行きましょう。店の人によると、この秋はむらさき色がはやっているそうです。

石井 ： なるほど、詳しいですね。

01 ～こと　～것, ～일

私の趣味はトンデームンへ行っていろんな服を見ることです。
そんなことはしないでください。
何かいいことでもありましたか。

02 (동사 원형) ～よていだ　～할 예정이다

今度の日曜日も行くよていです。
土曜日にはお見合いをするよていです。
会議は9時に終わるよていです。

～よてい＝～つもり

03 (동사) ～てくる　～해져 오다, ～해지다

このごろかなり冷え込んできました。
高校の時から日本語を勉強してきました。
ちょっと切符を買ってきます。

～てくる　vs. ～ていく

새로 나온 단어

□ おみあい(お見合い) 맞선　　□ こうこう(高校) 고교, 고등학교　　□ きっぷ(切符) 표

04 （〜によると）〜そうだ （〜에 의하면）〜라고 한다

例 店の人によると、この秋はむらさき色がはやっているそうです。
新聞(しんぶん)によると、あの二人はつきあっているそうです。
金さんは友だちに会って、久しぶりに一杯したそうです。

05 （〜に）詳しい 자세하다, 잘 알고 있다

例 なるほど、詳しいですね。
金さんはコンピューターに詳しい。
相談しようとしてもまわりに詳しい人がいません。

| □ しんぶん(新聞) 신문 | □ つきあう(付き合う) 사귀다 | □ まわり 주위 |

1 다음을 듣고 내용과 일치하는 그림을 ⓐ, ⓑ, ⓒ, ⓓ에서 골라 봅시다.

ⓐ　　　　　ⓑ　　　　　ⓒ　　　　　ⓓ

2 다음 그림을 보면서 질문 에 대답해 봅시다.

> 질문　あしたの天気はどうですか。

①
雨が降る

天気予報によると、あしたは＿＿＿＿そうです。

②
寒い

天気予報によると、あしたは＿＿＿＿そうです。

③
暑い

天気予報によると、あしたは＿＿＿＿そうです。

새로 나온 단어

□ 天気 날씨　　□ 降る (비, 눈 등이) 내리다　　□ 天気予報 일기예보　　□ 残業 잔업

Track 23

3 주간 계획표를 보고 예와 같이 말해 봅시다.

예 月曜日には、
　　<u>ミーティングをする</u>よていです。

① 火曜日には、
　　_____よていです。

② 水曜日には、
　　_____つもりです。

③ 木曜日には、
　　_____よていです。

④ 金曜日には、
　　_____つもりです。

4 다음 그림을 보고 문장을 완성해 봅시다.

①

切符を_____きます。

②

日本語を_____きました。

③

かなり_____きました。

06 むらさき色がはやっているそうです　57

5 다음 문장을 읽고 질문에 맞는 답을 골라 봅시다.

> 宋さんの趣味は、いわゆる買い物です。トンデームン市場へ行っていろんな服を見るのが好きです。今はやっているデザインとか色などを見ると気分転換になるそうです。店の人によると、<u>この秋はむらさき色がはやっている</u>そうです。今度の日曜日もトンデームン市場に行きます。石井さんが「セーターがほしい」と言ったので、二人は一緒に行くよていです。

(1) 上の文の内容と合っていないものはどれですか。
　　① 宋さんの趣味は、トンデームン市場へ行っていろんな服を見ることです。
　　② 宋さんは、今はやっているデザインとか色などを見ると気分転換になります。
　　③ 石井さんはむらさき色のセーターを買うつもりです。
　　④ 宋さんは今度の日曜日、石井さんと一緒にトンデームン市場に行きます。

(2) 「この秋はむらさき色がはやっている」と言ったのはだれですか。
　　① 店の人
　　② 宋さん
　　③ 石井さん
　　④ 宋さんと石井さん

ポイント 会話

1 계획 묻기

今度の日曜日は何をするつもりですか。

友だちと映画を見るよていです。

2 전문 표현

今年の春には何色(なにいろ)がはやるでしょうか。

朴さんによると、今年の春にはむらさき色がはやるそうです。

クロスワード

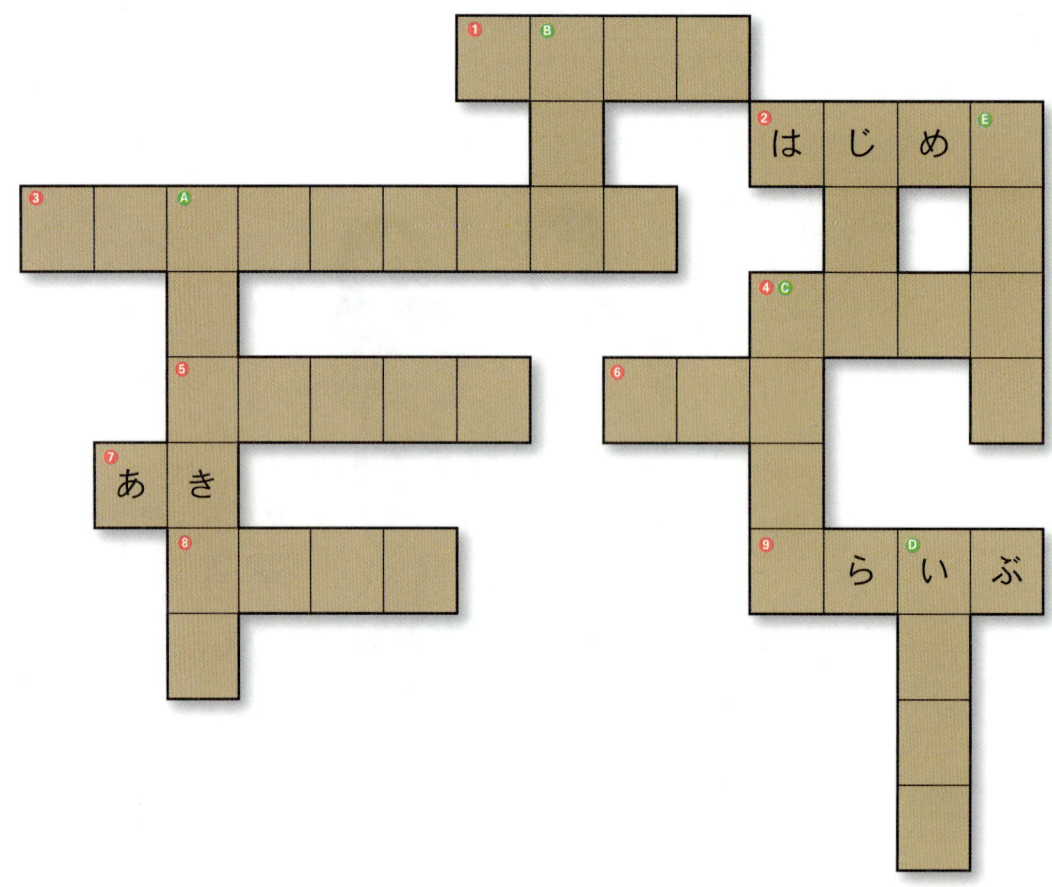

よこのかぎ (가로열쇠)
1. 성실하다
2. 처음
3. 홈쇼핑
4. 좀처럼
5. 신책하다
6. 책망하다
7. 가을
8. 이른바
9. 드라이브

たてのかぎ (세로열쇠)
A. 보라색
B. 자기 자신
C. 과연
D. 여러 가지
E. 전환

回文

日本語広場

「回文」이란 앞에서부터 읽어도 뒤에서부터 읽어도 같은 음의 문장이 반복되는 것을 말합니다. 예를 들어 「しんぶんし(신문지)」, 「たけやぶやけた(대나무 숲 불에 탔다)」와 같은 것으로, 예부터 아주 인기가 있는 일본어 말놀이입니다. 음절 문자인 히라가나가 아니면 할 수 없는 표현의 하나라고 말할 수 있겠죠.

- 確かに貸した[タシカニカシタ]。(틀림없이 빌려 주었다.)

- 関係ないけんか[カンケイナイケンカ] (관계없는 싸움)

- スマートなトーマス[スマートナトーマス] (스마트한 토마스)

- 家内は田舎[カナイハイナカ]？(아내는 시골에?)

- 留守にする[ルスニスル]。(집 비울 거야.)

- よい知らせらしいよ[ヨイシラセラシイヨ]。(좋은 소식 같아.)

- 私負けましたわ[ワタシマケマシタワ]。(저 졌어요.)

07 金さんも受けると言っていました

学習ポイント

1. 日本語能力試験の1級を受けることにしました。
2. 昇進するためには今回必ずパスしなければなりません。
3. 金さんも受けると言っていましたね。

単語 Track 25

能力 능력	～級 ～급(수)
受ける (시험을) 치다	それで 그래서
なんだか 왠지, 어쩐지	落ち着く 안정되다, 진정되다
あと 앞으로	～ヵ月 ～개월
～以上 ～이상	昇進する 승진하다
～ためには ～기 위해서는	今回 이번
パスする (시험 등을) 통과하다	～なければならない ～지 않으면 안 된다, ～해야 한다
そういえば 그러고 보니	実力 실력
どうも 아무래도	そんなに 그렇게
頑張る 분발하다, 열심히 하다	心配する 걱정하다
～ないで ～지 말고, ～지 않고	

李　　：今度、日本語能力試験の1級を受けることにしました。

　　　　それでなんだか落ち着かないんです。

雅子　：試験まであと2ヵ月以上ありますから大丈夫でしょう。

李　　：昇進するためには今回必ずパスしなければなりませんから。

雅子　：そういえば金さんも受けると言っていましたね。

李　　：金さんは実力のある人だから合格すると思いますが、

　　　　私はどうも……。

雅子　：そんなに心配しないで頑張ってください。

李　　：はい、頑張ります。

01 (동사 원형) ～ことにする　～하기로 하다

예) 日本語能力試験の1級を受けることにしました。
今日からお酒をやめることにしました。
週末には家族と一緒にピクニックに行くことにしました。

02 ～まであと　～까지 앞으로

예) 試験まであと1週間です。
結婚式まであと1ヵ月あまりです。
卒業まであと1年です。

03 (동사 원형) ～ためには　～기 위해서는

예) 昇進するためには今回必ずパスしなければなりません。
合格するためには一生懸命勉強しなければなりません。
家を買うためには朝から晩まで働かなければならない。

새로 나온 단어

- ピクニック 소풍
- けっこんしき(結婚式) 결혼식
- ～あまり (어떤 한도에서) 좀더 됨, 남짓
- そつぎょう(卒業) 졸업
- ばん(晩) 저녁, 밤
- はたらく(働く) 일하다

04 〜なければならない　〜지 않으면 안 된다, 〜해야 한다

예) 出張に行かなければなりません。
日本語の勉強を熱心にしなければなりません。
約束は守らなければなりません。

05 (동사 원형) 〜と言う　〜라고 하다

예) 金さんも受けると言っていました。
この魚の名前は何と言いますか。
中田さんはあしたから出張だと言いました。

06 〜ないで　〜지 말고, 〜지 않고

예) 心配しないで頑張ってください。
晩ご飯も食べないで寝ました。
勉強もしないで試験を受けました。

- ねっしんに(熱心に) 열심히
- まもる(守る) 지키다
- さかな(魚) 물고기, 생선
- しゅっちょう(出張) 출장
- ばんごはん(晩ご飯) 저녁 식사

1 다음을 듣고 내용과 일치하는 그림을 골라 봅시다.

ⓐ
山田

ⓑ
高橋

ⓒ
佐々木

2 다음 그림을 보면서 말해 봅시다.

①

これから毎朝

＿＿＿＿＿ことにしました。

②

会社までバスで

＿＿＿＿＿ことにしました。

③

日曜日に友だちと映画を

＿＿＿＿＿ことにしました。

④

今晩は早く

＿＿＿＿＿ことにしました。

새로 나온 단어

□ 工学(こうがく) 공학　　□ 英文学(えいぶんがく) 영문학　　□ 中国文学(ちゅうごくぶんがく) 중국 문학

3 다음 그림을 보면서 대화해 봅시다.

ピクニックに行く

A：田中さんはあした何をすると思いますか。
B：彼はあした＿＿＿＿＿＿と言いました。

雪が降る

A：あしたは晴れると思いますか。
B：天気予報で＿＿＿＿＿＿と言いました。

家にいる

A：金さんは今日、何をすると思いますか。
B：彼は今日、一日中＿＿＿＿＿と言いました。

4 다음 우리말을 일본어로 써 봅시다.

① 私は夏休みにアメリカへ＿＿＿＿＿＿＿＿＿＿。(가기로 했습니다)

② 私は寝る前に日本語を＿＿＿＿＿＿＿＿＿＿。(공부하기로 했습니다)

③ 私は今年からたばこを＿＿＿＿＿＿＿＿＿＿。(끊기로 했습니다)

새로 나온 단어

□ 晴れる 맑다, 개다　　□ 一日中 하루 종일　　□ アメリカ 아메리카, 미국

5 다음 문장을 읽고 질문에 맞는 답을 골라 봅시다.

> 李さんは今度日本語能力試験の1級を(a)ことにしました。試験まであと2ヵ月以上ありますが、なんだか落ち着かないんです。昇進するためには今回必ずパスしなければなりません。金さんも試験を(b)そうです。金さんは実力のある人だから合格すると思っていますが、李さんはとても心配です。

(1) (a)と(b)の中に入るもっとも適当な言葉はどれですか。
　　① 買う
　　② 受ける
　　③ 見る
　　④ 書く

(2) 今回必ずパスしなければならない理由は何ですか。
　　① 試験まで時間がないために
　　② 落ち着かないために
　　③ 心配するために
　　④ 昇進するために

새로 나온 단어

□ もっとも 가장, 제일　　□ 適当だ 적당하다　　□ 理由 이유

1 계획 표현

事務室の引っ越しはどうなりましたか。

来年することにしました。

2 격려 표현

日本語の試験がもう来月です。

あまり無理しないでゆっくりしてください。

08 会社をやめようと思っています

学習ポイント

1 会社をやめよう。
2 勉強をやりなおそうと思っています。
3 不安がないわけではないです。

Track 29 　単語

～いっぱいで ～를 끝으로	やめる 그만두다
～(よ)う ～하자, ～(해)야지	もう一度 한 번 더
やりなおす 다시 하다	考える 생각하다
ひきとめ 만류	将来 장래
不安 불안	～わけではない ～(인) 것은 아니다
～ですけど ～입니다만	あとで 나중에
話す 말하다	内緒 비밀

雅子 ： 今月いっぱいで会社をやめようと思っています。

金 ： 何かあったんですか。

雅子 ： もう一度勉強をやりなおそうと思って……。

金 ： そうですか。よく考えて決めたことでしょうからひきとめはしませんが。

雅子 ： 将来に不安がないわけではないですけど、やってみようと思っています。

金 ： じゃ、あとでゆっくり話しましょう。

雅子 ： 会社の人にはまだ内緒ですよ。

金 ： わかりました。

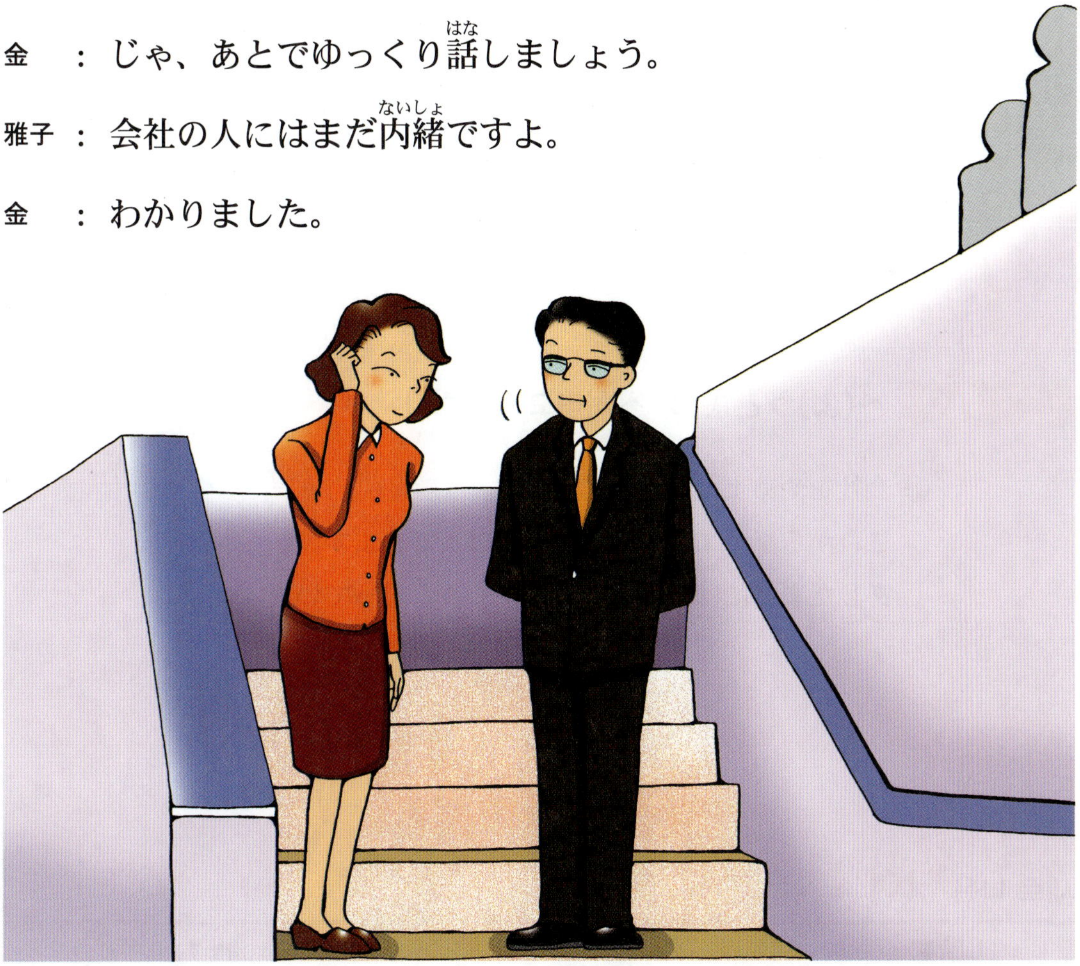

01 ～う／よう ～하자, ～(해)야지

예) 今晩は早く寝よう。
私と一緒に行こう。
食事(しょくじ)のあと散歩しよう。

동사의 의지·권유형

	기본형(사전형)		의지·권유형
5단동사 (1그룹동사)	買(か)う(사다) 書(か)く(쓰다) 読(よ)む(읽다)	→ → →	買おう(사자, 사야지) 書こう(쓰자, 써야지) 読もう(읽자, 읽어야지)
1단동사 (2그룹동사)	食(た)べる(먹다) 起(お)きる(일어나다)	→ →	食べよう(먹자, 먹어야지) 起きよう(일어나자, 일어나야지)
불규칙동사 (3그룹동사)	来(く)る(오다) する(하다)	→ →	来よう(오자, 와야지) しよう(하자, 해야지)

02 ～(よ)うと思う ～하려고 생각하다

예) 会社をやめようと思っています。
これからダイエットをしようと思っています。
あしたまでにはレポートをすまそうと思っています。

새로 나온 단어

- しょくじ(食事) 식사
- ダイエット 다이어트
- すます(済ます) 끝내다, 마치다

03 〜わけではない 〜(인) 것은 아니다

예) 将来に不安がないわけではないです。
それが悪いと言っているわけではありません。
私はあまり料理をしないが、料理が嫌いなわけではない。

04 〜ですけど 〜입니다만

예) 不安がないわけではないですけど、やってみようと思っています。
こちらは韓国の金ですけど、木村さんいらっしゃいますか。
こちらのは少し高いですけど、いかがでしょうか。

새로 나온 단어

- いらっしゃる 계시다
- すこし(少し) 조금

1 다음을 듣고 등장인물의 다음 행동으로 적당한 것을 ⓐ, ⓑ, ⓒ에서 골라 봅시다.

①   ②   ③

2 다음에 알맞은 동사를 보기 에서 골라 의지형으로 바꿔 말해 봅시다.

보기 　　聞く　　かける　　買う　　飲む

① あした、朝早く起きてラジオを＿＿＿＿＿＿＿。

② あした、学校へ行く前に彼氏に電話を＿＿＿＿＿＿＿。

③ 仕事が終わったら本屋に行ってパソコンの雑誌を＿＿＿＿＿＿＿。

④ 今晩はみんなで一杯＿＿＿＿＿＿＿。

새로 나온 단어

☐ ラジオ 라디오　　　　☐ 電話をかける 전화를 걸다　　　　☐ パソコン 퍼스널 컴퓨터(PC)

Track 31

3 다음 그림을 보면서 질문에 대답해 봅시다.

> 질문　あなたは、夏休みに何をしますか。

① 旅行をする　　私は友だちと＿＿＿＿＿＿と思っています。

② 田舎へ行く　　私は家族と＿＿＿＿＿＿と思っています。

③ 家で休む　　　私は＿＿＿＿＿＿と思っています。

④ 運転免許をとる　私は＿＿＿＿＿＿と思っています。

4 다음 우리말을 わけではない를 써서 일본어로 써 봅시다.

① あなた一人が(悪い)＿＿＿＿わけではないです 。(나쁜 것은 아닙니다)

② 魚が(嫌いだ)＿＿＿＿わけではないです 。(싫어하는 것은 아닙니다)

③ 行きたいと言って(行ける)＿＿＿＿わけではないです 。
　　　　　　　　　　　　　　　　　(갈 수 있는 것은 아닙니다)

새로 나온 단어

□ 旅行 여행　　□ 田舎 시골, 고향　　□ 運転免許をとる 운전면허를 따다

08 会社をやめようと思っています　75

5 다음 문장을 읽고 질문에 맞는 답을 골라 봅시다.

山田さんは今月いっぱいで会社をやめようと思っています。もう一度勉強をやりなおそうと思いました。将来に不安がないわけではないですが、やってみようと思っています。金さんは山田さんの話を聞いて、「よく考えて決めたことだからひきとめはしませんが」と言いながら、あとでゆっくり話してみることにしました。この話は、会社の人にはまだ内緒です。

(1) 山田さんが会社をやめようと思った理由はなんですか。
　　① 将来に不安があるから
　　② よく考えて決めたから
　　③ ゆっくり話してみたから
　　④ 勉強をやりなおしたいから

(2) 金さんは山田さんの話を聞いてどうしましたか。
　　① 会社をやめては困ると言いました。
　　② 会社をやめることはできないと言いました。
　　③ あとでゆっくり話してみようと言いました。
　　④ 山田さんがやめることをほかの人にも言いました。

새로 나온 단어

☐ 話(はなし) 이야기

Track 32 | ポイント 会話

1 확인 표현

あしたは何をしようかな。
一緒にドライブしませんか。

それはいいですね。

2 화제 전환

レポートは今日までです。

3時までにはすまそうと思っています。

09 妹が作ってくれたものです

学習ポイント

1. 沢口さんに時計をもらったんです。
2. 誕生日に買ってもらったんです。
3. 妹が作ってくれたものです。

単語 Track 33

もらう 받다

センス 센스

すてきだ 멋지다

手作り 수공, 손수 만듦

わるい 폐가 되다, 미안하다

なかなか 상당히, 꽤

スカーフ 스카프

くれる (남이 나에게) 주다

すごい 굉장하다, 대단하다

エリカ ： いい時計ですね。

石井 ： 沢口さんにもらったんです。

エリカ ： なかなかいいセンスですね。

石井 ： 誕生日に買ってもらったんです。

　　　　エリカさんがしているスカーフもすてきですよ。

エリカ ： これは妹が作ってくれたものです。

石井 ： 手作りですか。すごいですね。

エリカ ： 妹に言って石井さんにも作ってもらいましょう。

石井 ： いいですよ。わるいですから。

09　妹が作ってくれたものです

01　(〜に) 〜をあげる　(다른 사람에게) 〜을 주다

예) 私は彼女にクリスマスプレゼントをあげました。
中田さんは金さんに何をあげましたか。
弟に日本のおみやげをあげました。

02　(〜に) 〜てあげる　(다른 사람에게) 〜해 주다

예) 私が英語で通訳してあげた。
石井さんに韓国語を教えてあげました。
子供に本を読んであげました。

03　(〜が) 〜をくれる　(다른 사람이) 〜을 주다

예) 金さんが(私の)娘に絵本をくれました。
この時計は彼氏がくれたものです。
友だちが誕生日のプレゼントをくれました。

 새로 나온 단어

- クリスマス 크리스마스
- プレゼント 선물
- おみやげ(お土産) 선물, 토산물
- つうやくする(通訳する) 통역하다
- かんこくご(韓国語) 한국어
- おしえる(教える) 가르치다
- こども(子供) 어린이, 아이
- むすめ(娘) 딸
- えほん(絵本) 그림책

04 (〜が) 〜てくれる (다른 사람이) 〜해 주다

> これは妹が作ってくれたスカーフです。
> 山田さんが花束を買ってくれました。
> 田中さんが車を貸してくれました。

05 (〜に／から) 〜をもらう (다른 사람에게) 〜을 받다

> 沢口さんにもらった時計です。
> 社長から何をもらいましたか。
> 彼は彼女にラブレターをもらいました。

06 (〜に) 〜てもらう (다른 사람에게) 〜해 받다

> 誕生日に買ってもらったんです。
> 私は弟に手紙を書いてもらいました。
> 電車の中で学生に席をゆずってもらいました。

새로 나온 단어

- はなたば(花束) 꽃다발
- ラブレター 연애편지
- せき(席) 자리, 좌석
- かす(貸す) 빌려 주다
- てがみ(手紙) 편지
- ゆずる 양보하다
- しゃちょう(社長) 사장님
- がくせい(学生) 학생

1 다음을 듣고 질문에 맞는 그림을 골라 봅시다.

① ⓐ   ⓑ   ② ⓐ   ⓑ

③ ⓐ   ⓑ   ④ ⓐ   ⓑ

2 다음 그림을 보면서 말해 봅시다.

①

A : 花子さんが私にチョコレートを＿＿＿＿ました。
B : 私は花子さんにチョコレートを＿＿＿＿ました。

②

A : 私は李さんにペンを＿＿＿＿ます。
B : 李さんは私にペンを＿＿＿＿ます。

③

A : 田中さんは山田さんに花を＿＿＿＿ます。
B : 山田さんは田中さんに花を＿＿＿＿ます。

④

A : 先生が(私の)妹にアイスクリームを＿＿＿＿ました。
B : (私の)妹が先生にアイスクリームを＿＿＿＿ました。

3 다음 그림을 보면서 말해 봅시다.

① はにすてきなスカーフを(買う)＿＿＿＿あげました。
　私　　　姉

② がに辞書を(貸す)＿＿＿＿くれました。
　金さん　　私

③ はに日本料理の作り方を(教える)＿＿＿＿もらいました。
　私　　　田中さん

4 다음을 같은 뜻이 되도록 바꿔 써 봅시다.

① この本は父に買ってもらいました。
　→ この本は＿＿＿＿＿が買って＿＿＿＿＿。

② このかさは佐々木さんの妹から貸してもらいました。
　→ このかさは＿＿＿＿＿が貸して＿＿＿＿＿。

③ この写真は田中さんにとってもらいました。
　→ この写真は＿＿＿＿＿がとって＿＿＿＿＿。

새로 나온 단어

□ チョコレート 초콜릿　　□ ペン 펜　　□ アイスクリーム 아이스크림
□ 作り方 만드는 방법　　□ 写真をとる 사진을 찍다

5 다음 문장을 읽고 질문에 맞는 답을 골라 봅시다.

> 石井さんは沢口さんに時計をもらいました。誕生日のプレゼントです。なかなかセンスのいい時計です。エリカさんは妹さんにスカーフをもらいました。手作りのすてきなスカーフです。エリカさんが妹さんに言って石井さんにも作ってあげようとしたんですが、石井さんは「わるいから、いい」と言いました。

(1) 石井さんに時計をあげたのはだれですか。
　　① 沢口さん
　　② 沢口さんの妹さん
　　③ エリカさん
　　④ エリカさんの妹さん

(2) 「わるいから、いい」はどんな意味ですか。
　　① かならずもらいたい
　　② あまりすきではない
　　③ ほんとうにきらいだ
　　④ くれなくてもいい

Track 36 ポイント 会話

1 수수 표현

新しいスカートですね。

妹からもらった物です。

2 수수 및 사양 표현

これ、あげます。

けっこうです。

🔲 クロスワード

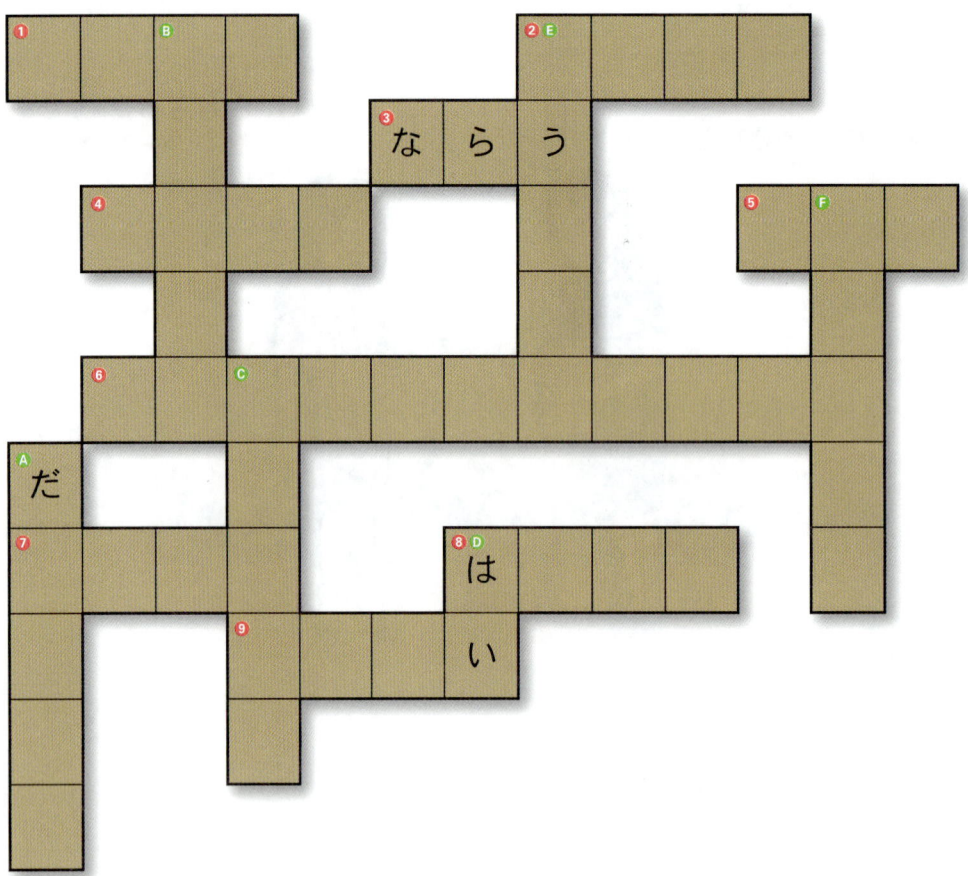

よこのかぎ (가로열쇠)
1. 통역
2. 그렇게
3. 배우다
4. 꽃다발
5. 지키나
6. 패스하지 않으면 안 된다
7. 이상
8. 일하다
9. 걱정

たてのかぎ (세로열쇠)
A. 다이어트
B. 다시 하다
C. 승진
D. 예
E. 그러고 보니
F. 한 번 더

なぞなぞ

일본어로 수수께끼는「なぞなぞ」라고 하는데, 수수께끼를 맞추는 것은 의외로 어렵습니다. 일본어뿐만 아니라 때로는 일본 문화에 관련된 사항까지도 문제에 포함되기 때문이죠. 다음 몇 개의 간단한 수수께끼 문제를 풀어 보면서 왜 그런 정답이 나왔는지 이유를 생각해 보세요.

❁ 空の上には何がある？
　(하늘 위에는 무엇이 있을까?)

❁ 愛の下には何がある？
　(사랑 밑에는 무엇이 있을까?)

❁ 世界のまんなかにある虫は？
　(세계의 한 가운데 있는 벌레는?)

❁ そこに行くと年をとる場所は？
　(거기 가면 나이를 먹는 장소는?)

❁ 新聞に書かれている鳥は？
　(신문에 써 있는 새는?)

❁ お医者さんが乗ると、死んでしまう乗り物は何？
　(의사 선생님이 타면 죽어 버리는 탈 것은 무엇?)

- 「くも(구름)」가 하늘에 떠있으니까요.
- 「あいうえお」이잖아요.
- 世界(せかい)의 가운데는 「か」, 즉 「蚊(모기)」.
- 「年下(としした)」=「としとる곳」.
- 「新聞(しんぶん)」=「雷鳥 기사」.
- 葬儀車(장의차) =「死んだ医者が乗る車だから」.

10 出張に行かなければなりません

学習ポイント

1 話がうまく行けば、そんなに長くはならない。
2 いいアイデアが出るかも知れません。
3 だれかに手伝ってほしい。

単語　Track 37

長い 길다

～ば ～(하)면

開発 개발

～てほしい ～해 주었으면 한다

アイデア 아이디어

～ないでほしい ～지 않기를 바란다

うまい 잘하다

～かも知れない ～일지도 모른다

手伝う 돕다

出張先 출장지

期待する 기대하다

石井 ：あしたから出張に行かなければなりません。
宋　 ：長くなりますか。
石井 ：話がうまく行けば、そんなに長くはならないかも知れません。
宋　 ：新製品の開発会議はどうしましょうか。
石井 ：だれかに手伝ってほしいんだけれど。
宋　 ：出張先でいいアイデアが出るかも知れないじゃありませんか。
石井 ：それはあまり期待しないでほしいですね。

01　～ば　～(하)면

예) 話がうまく行けば、そんなに長くはならない。
　　春が来れば、花が咲く。
　　一生懸命勉強すれば、必ず合格するでしょう。

 가정형

	기본형(사전형)		가정형
5단동사 (1그룹동사)	買う(사다) 待つ(기다리다) 死ぬ(죽다)	→ → →	買えば(사면) 待てば(기다리면) 死ねば(죽으면)
1단동사 (2그룹동사)	起きる(일어나다) 開ける(열다)	→ →	起きれば(일어나면) 開ければ(열면)
불규칙동사 (3그룹동사)	来る(오다) する(하다)	→ →	来れば(오면) すれば(하면)
い형용사	いい・よい(좋다) 高い(높다, 비싸다)	→ →	よければ(좋으면) 高ければ(높으면, 비싸면)
な형용사	親切だ(친절하다) 静かだ(조용하다)	→ →	親切ならば(であれば) (친절하면) 静かならば(であれば) (조용하면)

02　～(ない)かも知れない　～일지도(않을지도) 모른다

예) いいアイデアが出るかも知れません。
　　そんなに長くならないかも知れません。
　　私の両親は厳しすぎたかも知れません。

03 ～てほしい／～ないでほしい
～해 주었으면 한다/～지 않기를 바란다

예) だれかに手伝ってほしいです。
あしたは晴れてほしいですね。
あまり期待しないでほしいです。

04 ～がうまい　～를 잘하다

예) 金さんは歌がうまいです。
母は料理がうまいです。
彼は何よりも口がうまいです。

- りょうしん(両親) 부모님
- なによりも(何よりも) 무엇보다도
- きびしい(厳しい) 엄하다
- くちがうまい(口がうまい) 말을 잘하다

1 다음을 듣고 관련있는 그림끼리 연결해 봅시다.

① 　　　　ⓐ

② 　　　　ⓑ

③ 　　　　ⓒ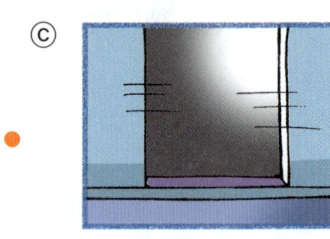

④ 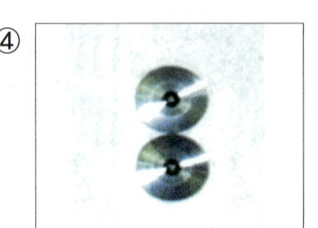　　　　ⓓ

새로 나온 단어

□ 道(みち) 길

Track 39

2 다음 그림을 보면서 말해 봅시다.

① すみません、道を_____てほしいんですが。
教える

② すみません、ゆっくり_____てほしいんですが。
言う

③ すみません、お金を_____てほしいんですが。
貸す

④ すみません、たばこを_____ないでほしいんですが。
吸う

3 다음 우리말을 보기 의 표현을 써서 일본어로 써 봅시다.

| 보기 | かもしれません　　ないかもしれません |

① 彼は会社を(やめる)_____。 (그만둘지도 모릅니다)

② 彼は地下鉄に(乗る)_____。 (타지 않을지도 모릅니다)

③ 李さんは日本語が(できる)_____。 (할 수 있을지도 모릅니다)

4 다음 문장을 읽고 질문에 맞는 답을 골라 봅시다.

> 来週の月曜日から大阪へ出張に行かなければなりません。すぐ帰ってくるよていですが、長くなるかもしれません。出張の間、新製品の開発はできないかもしれません。新製品の開発は小田切さんに手伝ってほしいです。

(1) 何をしなければなりませんか。
　　① 会議をしなければなりません。
　　② 出張に行かなければなりません。
　　③ 早く帰ってこなければなりません。
　　④ 小田切さんを手伝わなければなりません。

(2) 小田切さんに何をしてほしいですか。
　　① 出張に行ってほしいです。
　　② 会議をしてほしいです。
　　③ 新製品の開発をしてほしいです。
　　④ アイデアを出してほしいです。

새로 나온 단어

☐ 間(あいだ) 동안, 사이

1 의무 표현

2 희망 표현

11 少しやせたようですよ

学習ポイント

1 少しやせたようですよ。
2 最近契約のことで無理したらしいです。
3 来週あたりになりそうです。
4 最近寝不足なので……。

単語 Track 41

～ようだ ～인 것 같다	寝不足 수면부족 
～ので ～라서, ～이므로	あんまり 너무
入院する 입원하다 	契約 계약 
～らしい ～인 것 같다	いつごろ 언제쯤
退院する 퇴원하다 	～あたり ～쯤, ～경
～そうだ ～일 것 같다 	お見舞い 병문안 

雅子：李さん、どうかしましたか。少しやせたようですよ。

李　：そうですか。最近寝不足なので……。

雅子：あんまり無理しないでくださいね。

李　：ところで、佐々木さんが入院したそうですね。

雅子：ええ、何かあったんですか。

李　：最近契約のことで無理したらしいです。

雅子：いつごろ退院できるそうですか。

李　：よく分かりませんが、来週あたりになりそうです。

雅子：じゃ、一緒にお見舞いに行きましょう。

01 ～ようだ ～인 것 같다

예) 少しやせたようですよ。
あの人はまるで日本人のようです。
中国語は発音が難しいようです。

02 ～らしい ～인 것 같다

예) 契約のことで無理したらしいです。
となりの部屋に誰かいるらしいです。
このセーターは高いらしいです。

03 ～そうだ ～일 것 같다

예) 今にも雨が降りそうです。
暑くて死にそうです。
昔より顔色がよくなって健康そうだ。

 ようだ vs. らしい vs. そうだ

～ようだ	～らしい	～そうだ
직접 보고 들은 것에 대한 말하는 사람 자신의 추측	전해 들은 이야기를 통한 추측	직접 보고 느낀 것에 대한 인상을 나타냄 ※ 화자의 감정이나 의지적인 행위에는 쓸 수 없다.
*みんなかさをさしています。 雨が降っているようです。	*金さんの話によると、あの店は おいしいらしい。	*金さんは嬉しそうです。 ※私は嬉しそうです。(X)

04 (명사, な형용사) ～なので ～이라서, 이므로

예) あしたは子供の日なので学校は休みです。
来週から試験なので図書館で勉強するつもりだ。
今日は久しぶりの休みなので家でのんびりしたいです。

※ (동사, い형용사) ＋ ～ので

05 ～あたり ～쯤, 정도

예) あしたあたり行きます。
カメラはそこらあたりにあるはずです。
8月あたりに一緒にアメリカを旅行しませんか。

새로 나온 단어

- まるで 마치
- いまにも(今にも) 금방이라도
- かさをさす(傘を差す) 우산을 쓰다
- のんびりする 한가로이 지내다
- ちゅうごくご(中国語) 중국어
- むかし(昔) 옛날
- うれしい(嬉しい) 기쁘다
- そこら 그 근처
- はつおん(発音) 발음
- けんこうだ(健康だ) 건강하다
- こどものひ(子供の日) 어린이날
- ～はず ~할 터, ~일 것

1 다음을 듣고 각각의 내용과 일치하는 그림을 ⓐ, ⓑ, ⓒ, ⓓ에서 골라 봅시다.

① 　② 　③ 　④

2 다음 그림을 보고 말해 봅시다.

①

この女の人は今_____ようです。

②

この服は_____ようです。

③

この男の人は_____ようです。

3 다음 그림을 보면서 대화해 봅시다.

①
降る

A：そちらの天気はどうですか。
B：今にも雪が_____そうです。

②
甘い

A：このケーキ、どうですか。
B：そのケーキは_____そうです。

③
暇だ

A：田中さんは今日も忙しいですか。
B：今日は_____そうです。

4 다음을 らしい를 이용해 써 봅시다.

①
暖かい　　このセータは_____らしいです。

②
おもしろい　　あの映画は_____らしいです。

③
咲く　　4月には桜の花が_____らしいです。

새로 나온 단어

☐ 出かける 나가다　　☐ 甘い 달다　　☐ 暇だ 한가하다

5 다음 문장을 읽고 질문에 맞는 답을 골라 봅시다.

佐々木さんが昨日病院に入院したらしいです。仕事が忙しくて毎日無理をしたようです。私も最近忙しいので前より少しやせたようです。明日は休みなので佐々木さんのお見舞いに行くつもりです。

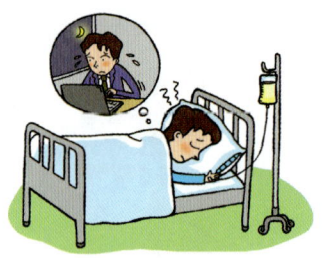

(1) 佐々木さんはどうしましたか。
　　① 仕事が忙しいらしいです。
　　② 少しやせたらしいです。
　　③ お見舞いに行くらしいです。
　　④ 入院したらしいです。

(2) 明日は何をする予定ですか。
　　① 月曜日なので会社に行きます。
　　② 休みなのでお見舞いに行きます。
　　③ 健康なので運動します。
　　④ 雨なので休みます。

Track 44 ポイント 会話

1 상태 표현

今日(きょう)は本当(ほんとう)に暑(あつ)いですね。

暑(あつ)くて死(し)にそうですね。

2 원인 표현

どうして遅(おく)れたんですか。

今日はアルバイトなので、遅れました。

12 日本の新聞が読めますか

学習ポイント

1 日本の新聞が読めますか。
2 日常会話ぐらいならできます。
3 漢字の読み方
4 見たら意味が(は)分かる。

単語 Track 45

_{にちじょう}
日常 일상

~なら ~라면

_{かんこく}
韓国 한국

~_{かた}方 ~하는 방법

だいたい 대강, 대충

しかたがない 방법이 없다

_{かいわ}
会話 회화

_{じしん}
自信 자신(감)

_{ばあい}
場合 경우

_{いみ}
意味 의미, 뜻

~なくちゃ ~지 않으면 (안 된다)

エリカ ： 李さんは日本の新聞が読めますか。

李　　 ： 日常会話ぐらいならできますけど新聞は漢字が多くて自信がありません。

エリカ ： 韓国では漢字は習いませんか。

李　　 ： いいえ、習っていますよ。
　　　　　でも、日本語の場合は漢字の読み方がいろいろあって。

エリカ ： 読めないけど、見たら意味は分かるでしょう。

李　　 ： ええ、だいたいの意味は分かります。
　　　　　でも、読めなくちゃ、しかたがないでしょう。

01 (~が) ~eる/られる (~을) ~할 수 있다

예) 日本の新聞が読めます。
私は納豆(なっとう)が食べられます。
明日(あした)の朝8時までに来(こ)られますか。

동사의 가능형

	기본형(사전형)		가능형
5단동사 (1그룹동사)	買(か)う (사다) 書(か)く (쓰다) 読(よ)む (읽다)	→ → →	買える (살 수 있다) 書ける (쓸 수 있다) 読める (읽을 수 있다)
1단동사 (2그룹동사)	起(お)きる (일어나다) 食(た)べる (먹다)	→ →	起きられる (일어날 수 있다) 食べられる (먹을 수 있다)
불규칙동사 (3그룹동사)	来(く)る (오다) する (하다)	→ →	来(こ)られる (올 수 있다) できる (할 수 있다)

02 ~なら(~)できる ~라면 (~)할 수 있다

예) 日常会話ぐらいならできます。
週末(しゅうまつ)なら家族と一緒に運動できます。
英語なら日本語で通訳できます。

새로 나온 단어

- なっとう(納豆) 낫토
- しゅうまつ(週末) 주말

文法

03 (동사의 ます형) ～方   ～하는 방법

예) 漢字の読み方が難しいです。
字の書き方を教えてください。
人はみんな考え方が違います。

04 (～が／は) 分かる   (～을/은) 알다, 알 수 있다

예) 見たら意味は分かるでしょう。
音楽が分かる人に会ってうれしいです。
彼の字は分かりにくいです。

05 ～なくちゃ(＝なくてはならない)   ～지 않으면 안 된다

예) 早く食べなくちゃ。
元気を出さなくちゃ。
運転するためには免許をとらなくちゃ。

새로 나온 단어

- じ(字) 글자
- かきかた(書き方) 쓰는 방법
- かんがえかた(考え方) 사고 방식
- ちがう(違う) 틀리다, 다르다
- ～にくい ～하기 어렵다
- げんき(元気) 기운
- だす(出す) 내다
- うんてんする(運転する) 운전하다

1 단어에 대한 설명을 듣고 각각의 그림에 해당하는 번호를 써 봅시다.

①   ②   ③   ④

2 다음 그림을 보고 말해 봅시다.

①
乗る

私は自転車に_____。

②
泳ぐ

私は海で_____。

③
食べる

私は辛いキムチが_____。

108

Track 47

3 다음 그림을 보면서 대화해 봅시다.

①

A：あなたは何のスポーツができますか。
B：私はスポーツなら＿＿＿＿＿＿ができます。

②

A：あなたは何の外国語（がいこくご）ができますか。
B：私は外国語なら＿＿＿＿＿＿ができます。

③

A：あなたは何の楽器（がっき）ができますか。
B：私は楽器なら＿＿＿＿＿＿ができます。

④

A：あなたは何の料理ができますか。
B：私は料理なら＿＿＿＿＿＿ができます。

4 다음을 가능문으로 만들어 봅시다.

① 日本にいる友だちとは電子（でんし）メールで＿＿＿＿＿＿ます。（話す）

② 日本語で電話を＿＿＿＿＿＿ます。（かける）

③ 最近のカメラは簡単（かんたん）に＿＿＿＿＿＿ます。（使う）

새로 나온 단어

☐ 外国語（がいこくご） 외국어　　☐ 楽器（がっき） 악기　　☐ ピアノ 피아노
☐ スパゲッティ 스파게티　　☐ 電子（でんし）メール 전자메일　　☐ 簡単（かんたん）に 간단하게

5 다음 문장을 읽고 질문에 맞는 답을 골라 봅시다.

> 金さんは日本語が上手にできます。日本の新聞も読めます。金さんの場合は漢字がむずかしいようです。日本語の漢字の読み方はいろいろあるからです。

(1) 金さんは何が上手ですか。
 ① 料理が上手です。
 ② 山登りが上手です。
 ③ 日本語会話が上手です。
 ④ 運転が上手です。

(2) 金さんは何ができますか。
 ① 日本の新聞が読めます。
 ② 日本の歌が歌えます。
 ③ 漢字が書けます。
 ④ 日本のテレビがわかります。

새로 나온 단어

☐ 山登り(やまのぼり) 등산

Track 48 ポイント 会話

1 능력 표현

運転できますか。

昨日免許をとりましたから。

2 능력 표현

日本語は分かりますか。

会話ぐらいならできます。

🔲 クロスワード

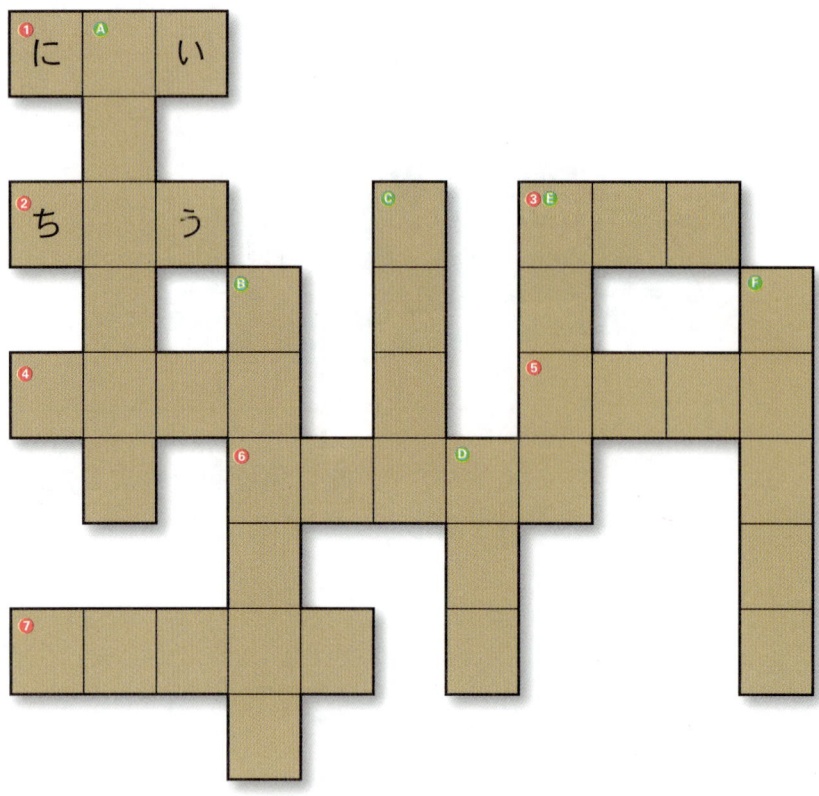

よこのかぎ (가로열쇠)
1. ~하기 어렵다
2. 틀리다, 다르다
3. 회화
4. 금방이라도
5. 발음
6. 주말
7. 방법이 없다

たてのかぎ (세로열쇠)
A. 말을 잘하다
B. ~일지도 모른다
C. 돕다
D. 마치
E. 개발
F. 간단하게

日本語広場

諺(ことわざ)

「諺」는 우리말의 '속담'을 뜻합니다. 속담이라는 것은 예부터 전해 오는 날카로운 풍자나 교훈, 지식 등이 담긴 말로서 관찰과 경험, 그리고 지식의 공유를 통해 오랜 세월 동안 형성되어 온 말이지요. 대개는 간결하며 외우기 쉽고, 또 진실을 이야기하고 있는 경우가 많답니다.

예부터 전해 온 말이니만큼 일본어 속담에는 현재는 안 쓰는 고어 표현이 쓰이기도 하여 해석이 어려운 것이 사실입니다. 하지만 적재적소에 센스 있게 쓰이는 속담 한 마디가 백 마디 말보다 효과적인 경우도 많겠죠!

여기서는 한국과 일본에서 비슷하게 사용되는 몇 가지 속담에 대해 살펴보겠습니다.

- 一(いち)を聞(き)いて十(じゅう)を知(し)る = 하나를 가르치면 열을 안다 (하나를 듣고 열을 안다)

- 馬(うま)の耳(みみ)に念仏(ねんぶつ) = 소귀에 경 읽기 (말귀에 염불)

- 猿(さる)も木(き)から落(お)ちる = 원숭이도 나무에서 떨어진다 (원숭이도 나무에서 떨어진다)

- 失敗(しっぱい)は成功(せいこう)のもと = 실패는 성공의 어머니 (실패는 성공의 근원)

- 知(し)らぬが仏(ほとけ) = 모르는 게 약 (모르는 것이 부처)

- 住(す)めば都(みやこ) = 정들면 고향 (살면 수도)

- 船頭多(せんどうおお)くして船山(ふねやま)に登(のぼ)る
  = 사공이 많으면 배가 산으로 간다 (사공이 많으면 배가 산으로 오른다)

- ちりも積(つ)もれば山となる
  = 티끌 모아 태산 (먼지도 쌓이면 산이 된다)

13 忙しかったら無理しなくてもいいですよ

学習ポイント

1 引っ越ししたばかりでしょう。
2 窓を開けるとうるさくて話が聞こえないんです。
3 できればちょっと手伝ってくださいませんか。
4 午後なら大丈夫です。

単語

Track 49

引っ越しする 이사하다 	～たばかりだ 막 ~했다 
～と ~(하)면	うるさい 시끄럽다 
聞こえる 들리다 	～てくださいませんか ~해 주시지 않겠습니까? 

雅子：今度の日曜日に引っ越しします。

李　：どうかしたんですか。引っ越ししたばかりでしょう。

雅子：窓を開けるとうるさくて話が聞こえないんです。

李　：それは困りますね。

雅子：できればちょっと手伝ってくださいませんか。

李　：午前中は友だちの結婚式があってだめですが、午後なら大丈夫ですよ。

雅子：忙しかったら無理しなくてもいいですよ。

01 〜たばかりだ　막 〜했다, 〜한 지 얼마 안 되었다

例 引っ越ししたばかりでしょう。
今食べたばかりでしょう。
会議が始（はじ）まったばかりです。

02 (동사 원형) 〜と　〜(하)면, 〜하자

例 窓を開けるとうるさいです。
このスイッチを押（お）すと電気がつきます。
彼に会うといつもけんかをしてしまいます。

03 〜てくださいませんか　〜해 주시지 않겠습니까?

例 ちょっと手伝ってくださいませんか。
お金を貸してくださいませんか。
その塩（しお）を渡（わた）してくださいませんか。

04 ～なら　～(이)라면

예) 暇(ひま)ならちょっと手伝ってください。
大人(おとな)なら大人らしくしなさい。
電気製品なら秋葉原(あきはばら)が安いです。

새로 나온 단어

- はじまる(始まる) 시작되다
- けんか 싸움
- おとな(大人) 어른
- あきはばら(秋葉原) 아키하바라
- スイッチ 스위치
- しお(塩) 소금
- ～らしく ～답게
- おす(押す) 누르다, 밀다
- わたす(渡す) 건네다
- ～なさい ～하시오

1 다음을 듣고 내용과 일치하는 그림을 골라 봅시다.

① ② ③ ④

2 다음 단어를 넣어서 말해 봅시다.

① (くだもの)_____なら、りんごが一番おいしいです。

② (暑い)_____なら、エアコンをつけてもかまいません。

③ すしが(好きだ)_____なら、もっと食べてもいいです。

새로 나온 단어

□ エアコン 에어컨　　　□ すし 초밥　　　□ 着く 도착하다
□ ボタン 버튼　　　□ 消える 꺼지다

118

3 다음 그림을 보면서 대화해 봅시다.

①

A：晩ご飯は食べましたか。
B：ええ、今_____ばかりです。

②

A：両親は着きましたか。
B：ええ、今_____ばかりです。

③

A：金さんは出発しましたか。
B：ええ、今_____ばかりです。

④

A：薬は飲みましたか。
B：ええ、今_____ばかりです。

4 다음 주어진 표현을 と로 연결해서 써 봅시다.

① 運動する／健康になる → _____と_____ます。

② 寒い所で遊ぶ／風邪を引く → _____と_____ます。

③ そのボタンを押す／電気が消える → _____と_____ます。

5 다음 문장을 읽고 질문에 맞는 답을 골라 봅시다.

先月引っ越ししたばかりですが、来週また引っ越しします。窓を開けるとうるさくて人の話がきこえません。来週暇なら引っ越しを手伝ってくださいませんか。午前中が忙しければ、午後手伝ってほしいです。夕食なら私が準備します。

(1) 何をしたばかりですか。
　　① 結婚したばかりです。
　　② 日本へ行ったばかりです。
　　③ 引っ越ししたばかりです。
　　④ 会社に行ったばかりです。

(2) 窓を開けるとどうですか。
　　① 窓を開けると部屋が明るいです。
　　② 窓を開けるとうるさいです。
　　③ 窓を開けると暑いです。
　　④ 窓を開けると前に山があります。

새로 나온 단어

□ 夕食(ゆうしょく) 저녁 식사　　□ 明(あか)るい 밝다

Track 52 ポイント 会話

1 부탁 표현

少し手伝ってくださいませんか。

いいですよ。

2 배려 표현

あした引っ越しでしょう。

忙しかったら来なくてもいいですよ。

14 一人でも気楽に行けるようになりました

学習ポイント

1 今は一人でも気楽に行けるようになりました。
2 一回だけ会った人の名前も忘れないようにしています。
3 人の名前を覚えるように頑張ってみます。

単語 Track 53

あいさつ回り 인사차 둘

はじめ 처음

~うち ~동안

気楽に 마음 편하게

~ようになる ~게 되다

気をつける 조심하다, 주의하다

~ところ ~점, ~바

とにかく 어쨌든

一回 한번

忘れる 잊다

~ないようにする ~지 않도록 하다

~ように ~도록

エリカ： 今日も残業ですか。

李　　： はい、取引先にあいさつ回りです。

エリカ： 大変ですね。

李　　： はじめのうちは慣れなくて大変でしたが、今は一人でも気楽に行けるようになりました。

エリカ： 仕事のことで人と会う時、何か気をつけるところがありますか。

李　　： ええ、とにかく一回だけ会った人の名前も忘れないようにしています。

エリカ： なるほど。これから私も人の名前を覚えるように頑張ってみます。

01　～(の)うち　～동안

예　若(わか)いうちには何でもチャレンジしましょう。
　　大学生のうちにできることはいっぱいある。
　　三日のうちに何(なん)とかしなければなりません。

02　～ようになる／ないようになる　～게 되다/~지 않게 되다

예　免許をとってやっと運転ができるようになった。
　　日本語が話せるようになりました。
　　事故(じこ)の後(あと)、動(うご)けないようになりました。

03　～で　～로, ~때문에 (원인, 이유)

예　仕事のことで人と会う時、何か気をつけるところがありますか。
　　渋滞(じゅうたい)で学院(がくいん)に遅れました。
　　試験で遊ぶ時間もありません。

04 　～ように／ないように　　～도록/～지 않도록

예) これから私も人の名前を覚えるように頑張ってみます。
　　授業中(じゅぎょうちゅう)はできるだけ日本語で話すようにしています。
　　風邪を引かないように気をつけてください。

05 　～ようにする／ないようにする
　　～도록 하다/～지 않도록 하다

예) 試験に合格できるようにします。
　　展示品(てんじひん)には触(さわ)らないようにしてください。
　　それだけは忘れないようにします。

새로 나온 단어

- わかい(若い)　젊다
- なんとか(何とか)　어떻게든
- じゅうたい(渋滞)　교통정체
- できるだけ　가능한 한
- それだけ　그것만
- チャレンジする　도전하다
- やっと　겨우
- がくいん(学院)　학원
- てんじひん(展示品)　전시품
- いっぱい　가득, 많이
- れんしゅうする(練習する)　연습하다
- じゅぎょうちゅう(授業中)　수업 중
- さわる(触る)　만지다

1 다음을 듣고 두 사람이 가기로 한 장소를 골라 봅시다.

2 다음 그림을 보면서 말해 봅시다.

①
ジョギングする

私は毎朝＿＿＿＿＿＿ようにしています。

②
新聞を読む

私は毎朝＿＿＿＿＿＿ようにしています。

③
英語の学院に行く

私は毎朝＿＿＿＿＿＿ようにしています。

Track 55

3 다음 그림을 보면서 대화해 봅시다.

① A：仕事の後、お酒一杯どうですか。
　B：今年はお酒は＿＿＿＿＿＿＿＿ないようにしています。

② A：最近話題になっているドラマ、見ましたか。
　B：最近、テレビは＿＿＿＿＿＿＿ないようにしています。

③ A：晩ご飯を食べに行きませんか。
　B：今ダイエット中なので晩ご飯は＿＿＿＿＿ないようにしています。

4 다음 주어진 단어를 사용해서 우리말을 일본어로 써 봅시다.

① 金さんも日本に興味を(持つ)＿＿＿＿＿＿＿＿。(갖게 되었습니다)

② 私もコンピュータでメールを(送る)＿＿＿＿＿＿。(보내게 되었습니다)

③ 妹も運転が(できる)＿＿＿＿＿＿＿。(할 수 있게 되었습니다)

새로 나온 단어

☐ 話題 화제　　☐ ドラマ 드라마　　☐ 興味 흥미　　☐ 送る 보내다

5 다음 문장을 읽고 질문에 맞는 답을 골라 봅시다.

> 若いうちはわかりませんが、健康が一番大事だと思います。病気で倒れないようにしたいです。前は運動をしませんでしたが、今は毎日運動するようになりました。たばこも吸わないように頑張ります。

(1) 今は何をしていますか。
　① 毎日運動するようになりました。
　② お酒を飲まないようになりました。
　③ 早く寝るようになりました。
　④ 無理をしないようになりました。

(2) 何を頑張りますか。
　① お酒を飲まないようにします。
　② 早く帰るようにします。
　③ たばこを吸わないようにします。
　④ 食べすぎないようにします。

새로 나온 단어

□ **大事**だ 소중하다, 중요하다　　　　□ **倒**れる 쓰러지다

Track 56 ポイント 会話

1 의지 표현

ダイエットのために晩ご飯は食べないようにしています。

私も頑張らなくちゃ。

2 변화 표현

もう日本語は大丈夫ですか。

やっと日本語で話せるようになりました。

15 一時間も待たされました

学習ポイント

1 一時間も待たされました。
2 先生にレポートをほめられました。
3 雨に降られました。
4 인사 표현

単語 Track 57

ごめんなさい 미안합니다	～も ～이나
待つ 기다리다	ほめる 칭찬하다
ゆるす 용서하다	お茶 차
踏む 밟다	散々だ 아주 나쁘다, 엉망이다
日 날	

Track 58 会話

宋 : 遅れてごめんなさい。

石井 : 一時間も待たされたけど、今日は先生にレポートをほめられたからゆるしてあげますよ。

宋 : それじゃお茶でも飲みに行きましょう。

石井 : ところで、宋さん、顔色がなんだか悪いですね。どうかしました。

宋 : 雨に降られるし、地下鉄の中で足を踏まれるし、今日は散々な日でした。

石井 : それは大変でしたね。

01 (동사) ～れる／られる (～에게 ～을) ～되다(당하다)

예) 先生にレポートをほめられました。
雨に降られました。
森さんは知らない人に名前を呼ばれました。

⭐ 동사의 수동형

	기본형(사전형)		수동형
5단동사 (1그룹동사)	押す(누르다) 作る(만들다) 呼ぶ(부르다)	→ → →	押される(눌리다) 作られる(만들어지다) 呼ばれる(불리다)
1단동사 (2그룹동사)	見る(보다) ほめる(칭찬하다)	→ →	見られる(보이다) ほめられる(칭찬받다)
불규칙동사 (3그룹동사)	来る(오다) する(하다)	→ →	来られる(오다) される(되다)

02 ～される／させられる (어쩔 수 없이) ～하다, 시킴을 당하다

예) 宋さんに1時間も待たされました。
先輩に無理にお酒を飲まされました。
仕事が忙しくて毎日残業させられています。

⭐ 5단 동사에 한해 「せられる」는 「される」로 축약 가능(단, す로 끝나는 동사는 불가능)

03 ～も ～이나 (강조)

예) 運転免許を取るのに5年もかかりました。
昨年の冬には雪が1メートルも積もりました。

새로 나온 단어

- よぶ(呼ぶ) 부르다
- さくねん(昨年) 작년
- メートル 미터
- つもる(積もる) 쌓이다

文法

04 인사 표현

만남

おはよう(ございます)
안녕(하세요)

こんにちは
안녕(하세요)

こんばんは
안녕(하세요)

식사

いただきます
잘 먹겠습니다

ごちそうさまでした
잘 먹었습니다

おそまつさまでした
변변치 못했습니다

축하

誕生日おめでとう
(ございます)
생일 축하해 (생일 축하합니다)

卒業おめでとう
(ございます)
졸업 축하해 (졸업 축하합니다)

結婚おめでとう
(ございます)
결혼 축하해 (결혼 축하합니다)

감사　　　　　　　**사과**　　　　　　　**헤어짐**

ありがとう(ございます)
고마워(고맙습니다)

どういたしまして 천만에요

すみません 미안합니다
ごめんなさい 미안합니다
申し訳ありません 미안합니다
かまいません 괜찮습니다

さようなら 안녕히 가세요
また、あした 내일 또 봐
じゃね 그럼 이만

1 다음을 듣고 질문에 맞는 답을 골라 봅시다.

①  ②

③  ④

2 다음 그림을 보고 말해 봅시다.

①  泣く

　赤(あか)ちゃんに＿＿＿＿＿＿＿＿＿＿、眠(ねむ)れませんでした。

②  降る

　山登りの途中で雨に＿＿＿＿＿＿＿＿＿、困りました。

③  踏む

　電車の中で隣(となり)の人に足を＿＿＿＿＿＿＿＿＿、困りました。

새로 나온 단어

□ 泣(な)く 울다　　□ 赤(あか)ちゃん 아기　　□ 眠(ねむ)る 자다

Track 59

3 다음 그림을 보면서 대화해 봅시다.

①
はさむ

A：その指はどうしたんですか。
B：エレベーターに指を＿＿＿＿＿＿＿。

②
見る

A：顔が赤くなりましたね。何かあったんですか。
B：着替えるところを人に＿＿＿＿＿＿＿。

③
注意する

A：顔色が悪いですね。どうかしましたか。
B：会社に遅れて部長に＿＿＿＿＿＿＿。

4 다음에 알맞는 조사를 써 넣어 봅시다.

① 先生は学生をほめました。
　→ 学生＿＿＿＿先生＿＿＿＿ほめられました。

② みんなは部長を尊敬しています。
　→ 部長＿＿＿＿みんな＿＿＿＿尊敬されています。

③ どろぼうが私のゆびわを盗みました。
　→ 私＿＿＿＿どろぼう＿＿＿＿ゆびわ＿＿＿＿盗まれました。

새로 나온 단어

- はさむ 끼다
- 指 손가락
- エレベーター 엘리베이터
- 着替える 옷을 갈아입다
- 注意する 주의하다
- 部長 부장
- 尊敬する 존경하다
- どろぼう 도둑
- ゆびわ 반지
- 盗む 훔치다

5 다음 문장을 읽고 질문에 맞는 답을 골라 봅시다.

昨日は悪いことばかりありました。友だちに1時間も待たされました。雨には降られるし、地下鉄で女の人に足もふまれました。結局かぜをひいてしまいました。

(1) 友だちに何をされましたか。
① お酒を飲まされました。
② 歌を歌わされました。
③ 宿題をさせられました。
④ 1時間も待たされました。

(2) 地下鉄の中でどうしましたか。
① 男の人に押されました。
② 女の人に足をふまれました。
③ 知らない人に呼ばれました。
④ 他の人に見られました。

새로 나온 단어

□ 〜ばかり 〜만, 〜뿐   □ 結局(けっきょく) 결국

ポイント 会話

1 불만 표현

何かあったんですか。

金さんは毎日遅くまで残業させられているらしいです。

2 위로 표현

風邪がなかなか治らなくて毎日病院へ行っています。

それは大変でしたね。

🔲 クロスワード

다음 ❶에서 ⓫까지 들어가는 글자를 전부 찾으면 무슨 표현이 될까요?

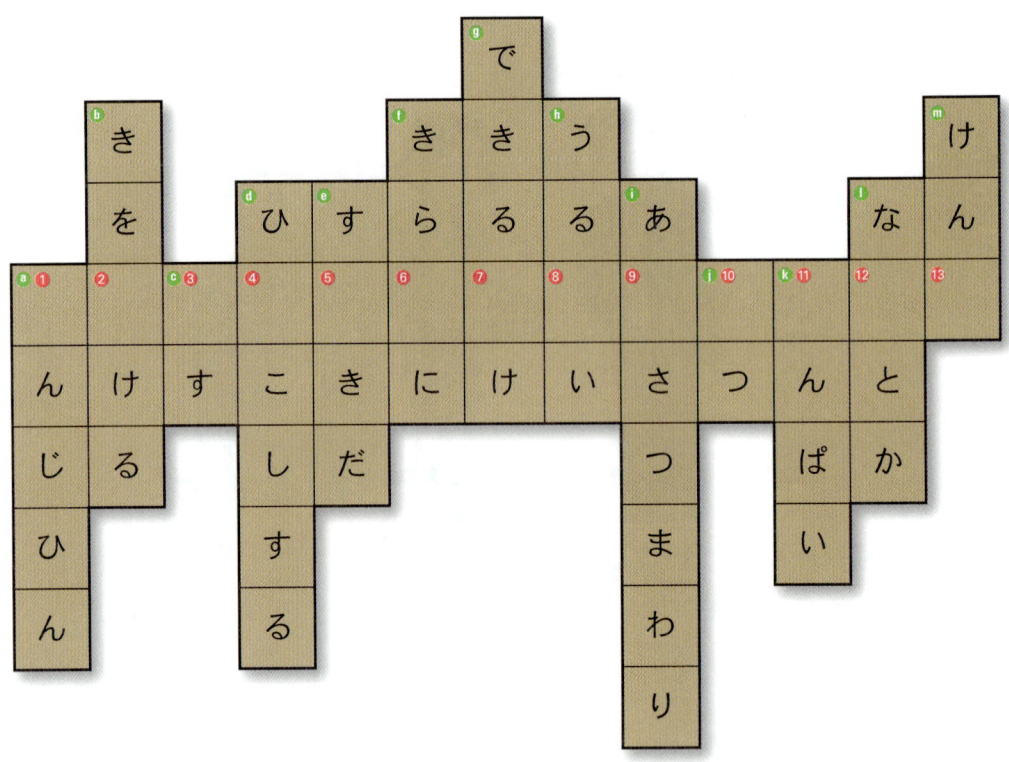

- ⓐ 전시품
- ⓑ 조심하다, 주의하다
- ⓒ 꺼내다
- ⓓ 이사하다
- ⓔ 멋지다
- ⓕ 마음 편하게
- ⓖ 가능한 한
- ⓗ 시끄럽다
- ⓘ 인사차 들름
- ⓙ 기다리다
- ⓚ 선배
- ⓛ 어떻게든
- ⓜ 싸움

なぎなた読み

「なぎなた読み」란, 옛날 「弁慶が、なぎなたを持って、刺し殺したさ(벤케이가 '나키나타'를 들고 찔러 죽였다네)」를 「弁慶がナ、ぎなたを持ってサ、し殺したとサ(벤케이가 있잖아, '기나타'를 들고 죽였데)」와 같이 잘못 읽은 사람이 있었다는 데에서 유래한 말로, 일본어의 쉼표(読点)나 마침표(句点)의 위치를 하나 옮길 뿐인데 그 의미가 완전히 달라지는 것을 뜻합니다. 음절문자인 일본어의 재미를 느낄 수 있는 말놀이라고 볼 수 있죠. 그럼 몇 가지 「なぎなた読み」를 살펴볼까요?

今日中に食べましょう。 = 教授、ウニ食べましょう。
(오늘 중으로 먹읍시다.)　　(교수님, 성게알 먹읍시다.)

君は知らないのか。 = 君、走らないのか。
(자네는 모르는가?)　　(자네, 달리지 않는가?)

お食事券 = 汚職事件
(식사권)　　(권력 남용 비리 사건)

この人、入会されました。 = この人に誘拐されました。
(이 사람 입회하셨습니다.)　　(이 사람에게 유괴되었습니다.)

今日母、医者に行く。 = 今日は、歯医者に行く。
(오늘은 어머니 의사에게 간다.)　　(오늘은 치과에 간다.)

16 一年間勉強させるつもりです

学習ポイント

1 息子を日本へ留学させました。
2 日本語を習いたがっていました。
3 とりあえず一年間勉強させるつもりです。
4 仕送りにたよらせるしかありません。

単語

Track 61

留学する 유학하다

期間 기간

とりあえず 우선

落ち着く 자리잡다

たよる 의지하다, 의존하다

～たがる ～하고 싶어 하다

どのぐらい 얼마나

物価 물가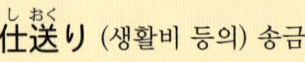

仕送り (생활비 등의) 송금

～しか ～밖에

宋 ： 息子さんを日本へ留学させたと聞きましたが。

金 ： ええ、日本語を習いたがっていましたので。

宋 ： 期間はどのぐらいのよていですか。

金 ： とりあえず日本語学校で一年間勉強させるつもりです。

宋 ： 日本は物価が高いそうですが、大変ですね。

金 ： 落ち着くまでは仕送りにたよらせるしかありませんね。

01 (동사) 〜せる／させる (〜에게 〜을) 〜시키다

예) 先生が学生に本を読ませた。
息子を日本へ留学させました。
弟をお使いに行かせました。

동사의 사역형

	기본형(사전형)		사역형
5단동사 (1그룹동사)	書く(쓰다)	→	書かせる(쓰게 하다)
	待つ(기다리다)	→	待たせる(기다리게 하다)
	飲む(마시다)	→	飲ませる(마시게 하다)
1단동사 (2그룹동사)	着る(입다)	→	着させる(입게 하다)
	食べる(먹다)	→	食べさせる(먹게 하다)
불규칙동사 (3그룹동사)	来る(오다)	→	来させる(오게 하다)
	する(하다)	→	させる(하게 하다)

02 〜たがる 〜하고 싶어 하다

예) 弟は日本語を習いたがっていました。
彼はスキー旅行に行きたがっています。
夏になると、みんな冷たくてさっぱりしたものばかり食べたがります。

03 とりあえず　우선, 일단; 즉시

예) とりあえずこの薬を飲んでみてください。
とりあえず返事を出してください。
とりあえず先生に連絡しておきます。

04 〜しか〜ない　〜밖에 〜없다

예) 先生に聞いてみるしかありません。
ここまで来ればもう頑張ってやるしか方法がありません。
高すぎて買えないから、借りるしかないでしょう。

- おつかい(お使い) 심부름
- スキーりょこう(スキー旅行) 스키 여행
- つめたい(冷たい) 차갑다
- さっぱり 맛이 담백함, 시원함
- へんじ(返事) 답변, 답장
- ほうほう(方法) 방법

1 다음을 듣고 질문에 맞는 답을 골라 써 봅시다.

①  ⓐ　　　　 ⓑ　　　　②  ⓐ　　　　 ⓑ

③  ⓐ　　　　 ⓑ　　　　④  ⓐ　　　　 ⓑ

2 그림을 보면서 せる, させる를 사용하여 말해 봅시다.

① 　は レポートを　　ます。
学生　　　　　　　　　　　書く

→ 　は　　にレポートを　　ます。
先生

② 　は英語を　　ます。
弟　　　　　　　　　勉強する

→ 　は　　に英語を　　ます。
兄

3 다음 단어들을 사용해서 말해 봅시다.

① _____は_____を_____たがっています。

② _____は_____を_____たがっています。

③ _____は_____を_____たがっています。

④ _____は_____を_____たがっています。

4 보기 에서 알맞은 조사를 골라 빈칸을 채워 봅시다.

| 보기 | は | に | を | が | へ |

① 李さん_____いつも人_____驚かせます。
② お母さん_____弟_____学校_____行かせました。
③ 私_____妹_____電話_____かけさせました。
④ 先生_____みんな_____立たせました。

새로 나온 단어

☐ 経済学 경제학　　☐ 専攻する 전공하다　　☐ キムチ冷蔵庫 김치 냉장고　　☐ 驚く 놀라다

16 一年間勉強させるつもりです　145

5 다음 문장을 읽고 질문에 맞는 답을 골라 봅시다.

> 私は息子を日本へ留学させるつもりです。息子は日本でデザインの勉強をしたがっています。とりあえず日本語学校で日本語を勉強させてからデザイン学校に通わせます。私の妹の家が東京にあるのでそこに住ませるしかありません。

(1) 息子は何をしたがっていますか。
　① 日本へ旅行をしたがっています。
　② デザインの勉強をしたがっています。
　③ 結婚したがっています。
　④ 日本語を習いたがっています。

(2) 日本語を勉強させてから何をさせたいですか。
　① 大学に行かせます。
　② 旅行に行かせます。
　③ 会社に通わせます。
　④ デザイン学校に通わせます。

새로 나온 단어

☐ 通う 다니다

Track 64　ポイント　会話

1　전문 표현

あの二人は結婚すると聞きました。

え、本当ですか。

2　희망 표현(제3자)

子供というものは何(なん)でも知りたがりますね。

それで困るときもありますね。

17 こちらにおかけになってください

学習ポイント

1 お待ちしていました。
2 おかけになってください。
3 お送りいたします。
4 お待ちください。

単語 Track 65

いらっしゃい 어서 오세요

おじゃまする 실례하다

おかけになる 앉으시다

つまらない 보잘 것 없다, 하찮다

お〜いたす 〜하다(겸양)

せっかく 모처럼, 애써

お〜ください 〜해 주십시오(존경)

お〜する 〜하다(겸양)

どうぞ 부디, 아무쪼록

失礼する 실례하다

用事 용무, 볼일

気を使う 신경 쓰다

回す 돌리다, 회전시키다

李　　：いらっしゃい。お待ちしていました。

のり子：おじゃまします。

李　　：どうぞ。こちらにおかけになってください。

のり子：失礼します。これ、つまらないものですが、どうぞ。

[用事が終わって帰る時]

李　　：ホテルまでお送りいたします。

のり子：そんなに気を使わないでください。

李　　：せっかくですから車を回して来ますのでここでお待ちください。

のり子：ありがとうございます。

01　お(ご)～する　～하다 (겸양)

예　お待ちしていました。
　　木村さんには私がお知らせします。
　　重そうですね。お持ちしましょうか。

02　お(ご)～になる　～하시다 (존경)

예　もうお帰りになりますか。
　　会社には何時にお見えになりますか。
　　きのうの件、どうお考えになりますか。

03　お(ご)～いたす　～하다 (겸양)

예　ホテルまでお送りいたします。
　　これからご案内いたします。
　　こちらから改めてお電話いたします。

04 せっかく　모처럼, 애써

예) せっかくの好意が無駄になりました。
　　せっかく来たのに会えなくて残念ですね。
　　せっかく勉強したのに。

05 お(ご)～ください　～해 주십시오 (존경)

예) ここでお待ちください。
　　ここにお名前とご住所をお書きください。
　　さっそくご連絡くださいまして助かりました。

□ しらせる(知らせる) 알리다	□ おもい(重い) 무겁다	□ もつ(持つ) 들다
□ おみえになる(お見えになる) 오시다	□ あらためて(改めて) 다시	□ こうい(好意) 호의
□ むだ(無駄) 허사	□ ざんねんだ(残念だ) 유감이다	□ じゅうしょ(住所) 주소
□ さっそく 즉시	□ たすかる(助かる) 도움이 되다	

1 다음을 듣고 같은 뜻의 동사를 골라 봅시다.

① ⓐ 起きる　　　ⓑ 待つ　　　ⓒ 帰る

② ⓐ 帰る　　　ⓑ 出かける　　　ⓒ 起きる

③ ⓐ 出かける　　　ⓑ 起きる　　　ⓒ 帰る

④ ⓐ 待つ　　　ⓑ 出かける　　　ⓒ 帰る

2 다음 그림을 보면서 말해 봅시다.

①

A：高橋さんは今何をしていますか。
B：高橋さんは今、新聞をお_____になっています。

②

A：先生は今何をしていますか。
B：先生は今何かをお_____になっています。

③

A：社長は今何をしていますか。
B：社長は今うちへお_____になっています。

Track 67

3 다음 그림을 보면서 상황에 맞게 말해 봅시다.

①
案内する

店員 : 何名さまですか。
客　 : 二人です。
店員 : すぐお席にご＿＿＿＿＿いたします。

②
確認する

客　 : バーベキュー味のSサイズとサラダをお願いします。
店員 : ご注文の内容をご＿＿＿＿＿いたします。
　　　 バーベキュー味のSサイズとサラダですね。

③
待たせる

店員 : お＿＿＿＿＿いたしました。
客　 : すみませんが、コーラも二杯、お願いします。

4 다음 우리말을 お〜ください 형태로 써 봅시다.

① 詳しいことは後で(話す)＿＿＿＿＿＿＿＿。 (말씀해 주십시오)

② 荷物は郵便で(送る)＿＿＿＿＿＿＿＿。 (보내 주십시오)

③ ちょっとこのボールペンを(貸す)＿＿＿＿＿＿＿＿。 (빌려 주십시오)

새로 나온 단어

- 何名さま 몇 분
- 確認する 확인하다
- バーベキュー 바비큐
- 味 맛
- サイズ 사이즈, 크기
- 注文 주문
- 待たせる 기다리게 하다
- コーラ 콜라
- 荷物 짐
- 郵便 우편
- ボールペン 볼펜

5 다음 문장을 읽고 질문에 맞는 답을 골라 봅시다.

> 木村さんは5時にはお帰りになると思います。木村さんにはお電話をいたしました。今コーヒーをお持ちします。もう少しここでお待ちください。

(1) 木村さんは5時に何をしますか。
　　① 会社に行かれます。
　　② 5時にお帰りになります。
　　③ 5時に友だちとお会いになります。
　　④ 5時にご連絡します。

(2) 私はここで何をしますか。
　　① 木村さんをお待ちします。
　　② 木村さんにお電話します。
　　③ 木村さんにお知らせします。
　　④ 木村さんをお送りします。

ポイント会話

1 방문 표현

おじゃまします。

はい、どうぞ。

2 손님 접대

飲み物は何になさいますか。

あたたかいコーヒーをお願いします。

18 日本にいらっしゃる方ですか

学習ポイント

1 韓国にはいつ来られましたか。
2 楽しい時間をすごさせていただきました。
3 召し上がるものが一番気になります。
4 韓国料理は何でもいただきます。

単語 Track 69

〜目 〜째

〜方々 〜분들

楽しい 즐겁다

〜させていただく 〜하다

気になる 걱정되다

〜キロ 〜킬로그램

フィアンセ 약혼자

ホームシック 향수병

めぐり会う 우연히 만나다

すごす 생활하다, 지내다

召し上がる 드시다(존경어)

いただく 먹다(겸양어)

太る 살찌다, 뚱뚱해지다

お目にかかる 만나뵙다

李　　：韓国にはいつ来られましたか。

のり子：今年で二年目になります。

李　　：ホームシックになりませんか。

のり子：いい方々にめぐり会ってほんとうに楽しい時間をすごさせていただきました。

李　　：召し上がるものが一番気になるんですけど、どうでしたか。

のり子：韓国料理は何でもいただきまして、こちらに来てから3キロも太ってしまいました。もどったらフィアンセに何を言われるか。

李　　：日本にいらっしゃる方ですか。一度お目にかかりたいですね。

01 （동사）〜れる／られる 〜하시다 (존경)

예) 韓国にはいつ来られましたか。
海外にはよく行かれますか。
先生はもう出かけられました。

れる・られる 형태의 존경어

	기본형(사전형)		존경어
5단동사 (1그룹동사)	呼ぶ(부르다) 休む(쉬다) 作る(만들다)	→ → →	呼ばれる(부르시다) 休まれる(쉬시다) 作られる(만드시다)
1단동사 (2그룹동사)	教える(가르치다) 着る(입다)	→ →	教えられる(가르치시다) 着られる(입으시다)
불규칙동사 (3그룹동사)	来る(오다) する(하다)	→ →	来られる(오시다) される(하시다)

02 〜させていただく 〜하다 (겸양)

예) これから発表させていただきます。
今日の会議はこれで終わらせていただきます。
今日はこれで失礼させていただきます。

03 특별한 형을 갖는 경어동사

(1) 존경어 : いらっしゃる, 召し上がる, おっしゃる 등

> 日本にいらっしゃる方ですか。
> あたたかいうちに召し上がってください。
> 今何とおっしゃいましたか。

(2) 겸양어 : いただく, うかがう, 申し上げる, 拝見する, まいる, おる 등

> 親切にしていただいてありがとうございました。
> あしたお宅へうかがってもよろしいですか。
> 韓国からまいりました金と申します。

(3) 정중어 : です, ます, ございます

> 私は韓国人です。
> このたびサンフランシスコ支社に転勤となりました。
> ボールペンはこちらにございます。

새로 나온 단어

- はっぴょうする(発表する) 발표하다
- うかがう(伺う) 방문하다
- もうす(申す) 말하다
- ししゃ(支社) 지사
- おっしゃる 말씀하시다
- よろしい 좋다
- このたび 이번
- てんきん(転勤) 전근
- おたく(お宅) 댁
- まいる 오다
- サンフランシスコ 샌프란시스코
- ござる 있다

1 다음을 듣고 같은 뜻의 동사를 골라 봅시다.

① ⓐ いる　　ⓑ 行く　　ⓒ 来る

② ⓐ 来る　　ⓑ いる　　ⓒ 行く

③ ⓐ いる　　ⓑ 来る　　ⓒ 行く

2 다음 그림을 보면서 れる, られる를 써서 말해 봅시다.

①
出る

A：部長はもう_____ましたか。
B：いいえ、部長は9時に_____ます。

②
休む

A：部長は今日、_____ますか。
B：体の調子が悪くて今日は_____ます。

③
出席する

A：社長も今日の会議に_____ますか。
B：はい、今日は社長も_____ます。

Track 71

3 주어진 동사를 경어동사(존경·겸양)로 바꿔 대화해 봅시다.

①

A：鈴木さん、どうぞ_____てください。
B：はい、_____ます。

②

A：花子さんはいつ韓国へ_____ましたか。
B：私は二年前に韓国へ_____ました。

③

A：お名前は何と_____ますか。
B：小林と_____ます。

4 다음에 들어갈 경어동사를 골라 빈칸에 맞게 써 봅시다.

보기　まいる　いらっしゃる　くださる　いただく　なさる　いたす

① この本は田中のお父さんが_____ました。

② 先生、飲み物は何に_____ますか。

③ 兄は3ヵ月前にアメリカへ行って_____ました。

새로 나온 단어

☐ くださる 주시다

5 다음 문장을 읽고 질문에 맞는 답을 골라 봅시다.

小田先生は去年韓国に来られました。小田先生は韓国の大学で日本語を教えられています。私は昨日先生のお宅でお食事をさせていただきました。お宅へ伺うとき、ケーキを持って行きました。先生もおいしそうに召し上がってくださいました。

(1) 小田先生は韓国で何をなさっていますか。
　① 会社にいらっしゃいます。
　② 韓国語を勉強されています。
　③ 本を書かれています。
　④ 日本語を教えられています。

(2) 私は昨日何をしましたか。
　① 小田先生のお宅で勉強させていただきました。
　② 小田先生のお宅で食事をさせていただきました。
　③ 大学で発表させていただきました。
　④ 大学で先生にお目にかかりました。

Track 72 ポイント 会話

1 시간 표현(체류 기간)

こちらにいらっしゃってどのぐらいでしょうか。

ちょうど2ヵ月です。

2 감상 말하기

韓国での生活(せいかつ)はどうでしたか。

おかげさまで、ほんとうに楽しかったです。

クロスワード

다음 ❶에서 ⓭까지 들어가는 글자를 전부 찾으면 무슨 표현이 될까요?

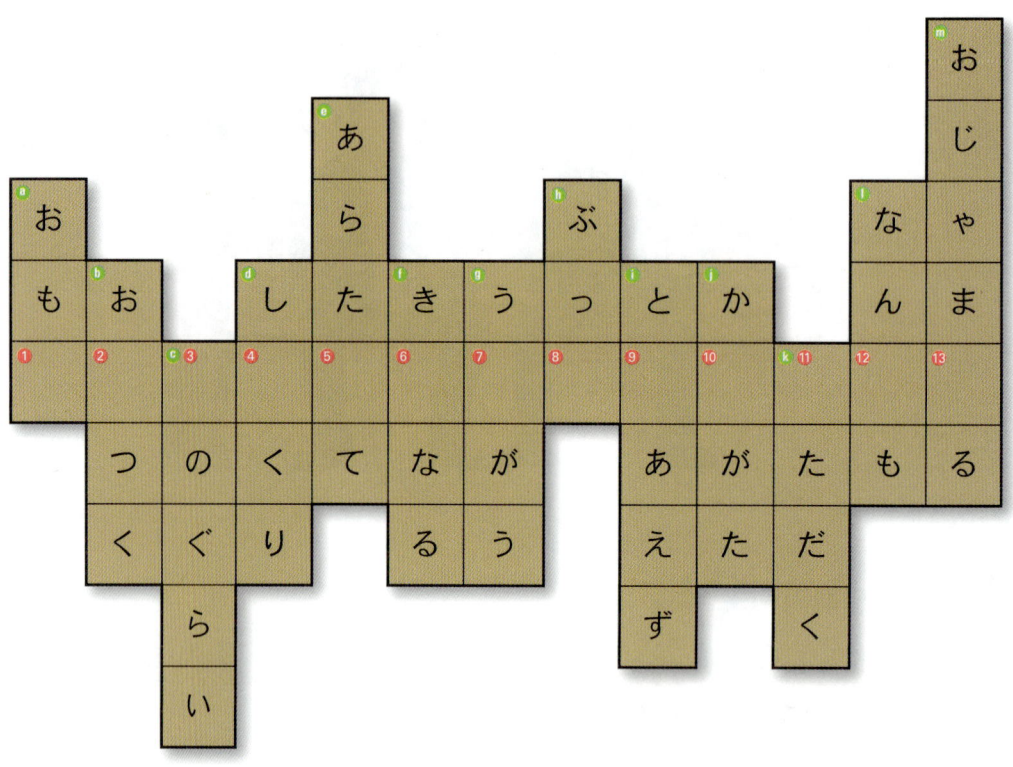

- ⓐ 무겁다
- ⓑ 자리잡다
- ⓒ 얼마나
- ⓓ 송금
- ⓔ 다시
- ⓕ 걱정되다
- ⓖ 방문하다(겸양어)
- ⓗ 물가
- ⓘ 우선
- ⓙ ~분들
- ⓚ 먹다(겸양어)
- ⓛ 무엇이든지
- ⓜ 실례하다

부록

연습문제 듣기대본

연습문제 및 퍼즐 정답

연습문제 듣기대본

01 연습문제

1. ドアが開けてあります。つくえの上に本がおいてあります。部屋がきれいに掃除してあります。

2. ① 駐車場に車が止めてあります。
   ② 部屋のドアが開けてあります。
   ③ 図書館の前に桜が咲いています。

3. ① A: 部屋は掃除してありますか。
      B: はい、もう掃除しておきました。
   ② A: 飲み物は買ってありますか。
      B: はい、もう買っておきました。
   ③ A: 資料はコピーしてありますか。
      B: はい、もうコピーしておきました。

02 연습문제

1. モデルとして、毎日の生活の中で注意しておくことがいろいろあります。食べ物をたくさん食べないこと、夜遅くまで起きていないこと、毎日運動することなどなどです。

2. 例 A: その本はもう読みましたか。
      B: いいえ、まだ読んでいないんです。
   ① A: お父さんはもう帰りましたか。
      B: いいえ、まだ帰っていないんです。
   ② A: 李さんは結婚していますか。
      B: いいえ、まだ結婚していないんです。
   ③ A: レポートはもう書きましたか。
      B: いいえ、まだ書いていないんです。

3. ① 先輩はたばこを吸いますが、私は吸わないです。
   ② 姉は勉強しますが、私は勉強しないです。
   ③ 李さんはさしみを食べますが、私は食べないです。

03 연습문제

1. A: 先週はどうでしたか。
   B: 月曜日は仕事が終わってから、家に帰って掃除したり、洗濯したりしました。そして、水曜日は営業部の飲み会がありましてお酒を飲んだり歌を歌ったりしました。それから、日曜日は友だちと展示会に行ったり、お茶を飲んだりしました。

3. ① A: 日曜日に何をしますか。
      B: 私は音楽を聞いたり、テレビを見たりします。
   ② A: 日曜日に何をしますか。
      B: 私は料理を作ったり、掃除したりします。
   ③ A: 日曜日に何をしますか。
      B: 私は友だちに会ったり、図書館に行ったりします。

4. ① A: 田中さんは中国へ行ったことがありますか。
      B: はい、私は中国へ行ったことがあります。
   ② A: 高橋さんは飛行機に乗ったことがありますか。
      B: はい、私は飛行機に乗ったことがあります。
   ③ A: 朴さんは日本の小説を読んだことがありますか。
      B: いいえ、私は日本の小説を読んだことはありません。

04 연습문제

1. 私は今朝6時に起きました。朝ごはんを食べる前に新聞を読みました。朝ごはんを食べたあとでコーヒーを飲みました。それから会社へ行きました。

2. ① A: 彼氏ができたら、何をしますか。
      B: 彼氏ができたら、テーマパークに行ってみたいです。
   ② A: 夏休みになったら、何をしますか。
      B: 夏休みになったら、海外旅行をしてみたいです。

3. ① 風邪をひいた時は薬を飲んだほうがいいです。
   ② 体の具合が悪い時はゆっくり休んだほうがいいです。
   ③ よく見えない時は眼鏡をかけたほうがいいです。

05 연습문제

1. A: 雅子さん、体の調子がよくなりましたね。これからは毎日来なくてもいいですよ。
   B: あ、そうですか。では、もうお酒を飲んでもいいですか。
   A: いや、まだお酒は飲まない方がいいですよ。
   B: はい、わかりました。お酒は飲まないようにします。

2. ① 夜遅くたくさん食べない方がいいです。
   ② 雪の日は車で行かない方がいいです。
   ③ お酒は飲みすぎない方がいいです。

3. ① A: たばこを吸ってもいいですか。
     B: いいえ、たばこは吸わないでください。
   ② A: テレビを見てもいいですか。
     B: いいえ、テレビは見ないでください。
   ③ A: コンピューターを使ってもいいですか
     B: いいえ、コンピューターは使わないでください。

06 연습문제

1. A: ソンさん、今度の日曜日は何をしますか。
   B: 友達とトンデームン市場へ買い物に行くつもりです。
   A: そうですか。でも、天気予報によると、今度の週末は雨が降るそうですよ。
   B: そうですか。では、家で音楽を聞いたり、テレビを見たりします。

2. ① A: あしたの天気はどうですか。
     B: 天気予報によると、あしたは雨が降るそうです。
   ② A: あしたの天気はどうですか。
     B: 天気予報によると、あしたは寒いそうです。
   ③ A: あしたの天気はどうですか。
     B: 天気予報によると、あしたは暑いそうです。

3. 例) 月曜日には、ミーティングをする予定です。
   ① 火曜日には、取引先に電話をする予定です。
   ② 水曜日には、友だちとテニスをするつもりです。
   ③ 木曜日には、残業をする予定です。
   ④ 金曜日には、買い物をするつもりです。

07 연습문제

1. A: 高橋さんは何を勉強するつもりですか。
   B: 私は英文学を勉強することにしました。山田さんは?
   A: 私は中国文学を勉強することにしました。では、佐々木さんは何を勉強すると思いますか。
   B: 彼は工学を勉強したいと言っていました。

2. ① これから毎朝運動することにしました。
   ② 会社までバスで行くことにしました。
   ③ 日曜日に友達と映画を見ることにしました。
   ④ 今晩は早く寝ることにしました。

3. ① A: 田中さんはあした何をすると思いますか。
     B: 彼はあしたピクニックに行くと言いました。
   ② A: あしたは晴れると思いますか。
     B: 天気予報で雪が降ると言いました。
   ③ A: 金さんは今日、何をすると思いますか。
     B: 彼は今日、一日中家にいると言いました。

08 연습문제

1. ① 来週から日本語の勉強をしよう。
   ② 今晩はおいしいケーキを作って食べよう。
   ③ 今日は疲れているから、早く寝よう。

2. ① あした、朝早く起きてラジオを聞こう。
   ② あした、学校へ行く前に彼氏に電話をかけよう。
   ③ 仕事が終わったら本屋に行ってパソコンの雑誌を買おう。
   ④ 今晩はみんなで一杯飲もう。

3. ① A: あなたは、夏休みに何をしますか。
     B: 私は友だちと旅行をしようと思っています。

② A: あなたは、夏休みに何をしますか。
　 B: 私は家族と田舎へ行こうと思っています。
③ A: あなたは、夏休みに何をしますか。
　 B: 私は家で休もうと思っています。
④ A: あなたは、夏休みに何をしますか。
　 B: 私は運転免許をとろうと思っています。

09 연습문제

1. ① 私は地下鉄の中で学生に席をゆずってもらいました。席をゆずったのは誰ですか。
   ② 花子さんは田中さんから花束を買ってもらいました。花束を買ったのは誰ですか。
   ③ 私は誕生日にダイヤのネックレスを妻に買ってあげました。ネックレスを買ったのは誰ですか。
   ④ 先生に本を貸していただきました。本を借りたのは誰ですか。

2. ① A: 花子さんが私にチョコレートをくれました。
     B: 私は花子さんにチョコレートをもらいました。
   ② A: 私は李さんにペンをあげます。
     B: 李さんは私にペンをもらいます。
   ③ A: 田中さんは山田さんに花をあげます。
     B: 山田さんは田中さんに花をもらいます。
   ④ A: 先生が(私の)妹にアイスクリームをくれました。
     B: (私の)妹が先生にアイスクリームをもらいました。

3. ① 私は姉にすてきなスカーフを買ってあげました。
   ② 金さんが私に辞書を貸してくれました。
   ③ 私は田中さんに日本料理の作り方を教えてもらいました。

10 연습문제

1. ① 秋葉原へ行けば何でも買えます。
   ② 天気がよければピクニックに行きます。
   ③ 南山タワーに行けばソウルが全部見えます。
   ④ そのボタンを押せばドアが開きます。

2. ① すみません、道を教えてほしいんですが。
   ② すみません、ゆっくり言ってほしいんですが。
   ③ すみません、お金を貸してほしいんですが。
   ④ すみません、たばこを吸わないでほしいんですが。

11 연습문제

1. ① 今にも雨が降りそうです。
   ② 彼は病気のようです。
   ③ 先生はみんな忙しいようです。
   ④ 辛そうな料理ですね。

2. ① この女の人は今出かけるようです。
   ② この服は高いようです。
   ③ この男の人は親切なようです。

3. ① A: そちらの天気はどうですか。
     B: 今にも雪が降りそうです。
   ② A: このケーキ、どうですか。
     B: そのケーキは甘そうです。
   ③ A: 田中さんは今日も忙しいですか。
     B: 今日は暇そうです。

12 연습문제

1. ① ここで手紙などが出せます。
   ② これでコーヒーやジュースなどが飲めます。
   ③ これでいつでも友だちと話せます。
   ④ ここで映画が見られます。

2. ① 私は自転車に乗れます。
   ② 私は海で泳げます。
   ③ 私は辛いキムチが食べられます。

3. ① A: あなたは何のスポーツができますか。
     B: 私はスポーツならテニスができます。
   ② A: あなたは何の外国語ができますか。
     B: 私は外国語なら中国語ができます。
   ③ A: あなたは何の楽器ができますか。
     B: 私は楽器ならピアノができます。
   ④ A: あなたは何の料理ができますか。
     B: 私は料理ならスパゲッティができます。

13 연습문제

1. ① ちょっと手伝ってくださいませんか。
② ちょっと窓を開けてくださいませんか。
③ ちょっとその塩を渡してくださいませんか。
④ ちょっと待ってくださいませんか。

2. ① くだものなら、りんごが一番おいしいです。
② 暑いなら、エアコンをつけてもかまいません。
③ すしが好きなら、もっと食べてもいいです。

3. ① A: 晩ご飯は食べましたか。
B: ええ、今食べたばかりです。
② A: 両親は着きましたか。
B: ええ、今着いたばかりです。
③ A: 金さんは出発しましたか。
B: ええ、今出発したばかりです。
④ A: 薬は飲みましたか。
B: ええ、今飲んだばかりです。

14 연습문제

1. A: 朴さん、仕事の後、何かおいしいもの、食べに行きませんか。
B: すみません。このごろ太ってきて晩ご飯は食べないようにしています。
A: そうですか。ではカラオケはどうですか。
B: それはいいです。

2. ① 私は毎朝ジョギングするようにしています。
② 私は毎朝新聞を読むようにしています。
③ 私は毎朝英語の学院に行くようにしています。

3. ① A: 仕事の後、お酒一杯どうですか。
B: 今年はお酒は飲まないようにしています。
② A: 最近話題になっているドラマ、見ましたか。
B: 最近、テレビは見ないようにしています。
③ A: 晩ご飯を食べに行きませんか。
B: 今ダイエット中なので晩ご飯は食べないようにしています。

15 연습문제

1. ① きのう、母に日記を読まれました。
日記を読んだのは誰ですか。
② 夜遅く彼氏に来られました。
夜遅く来たのは誰ですか。
③ 昨日、一晩中赤ん坊に泣かれました。
一晩中泣いたのは誰ですか。
④ 兄が犬に手をかまれました。
兄の手をかんだのは何ですか。

2. ① 赤ちゃんに泣かれて、眠れませんでした。
② 山登りの途中で雨に降られて、困りました。
③ 電車の中で隣の人に足を踏まれて、困りました。

3. ① A: その指はどうしたんですか。
B: エレベーターに指をはさまれました。
② A: 顔が赤くなりましたね。何かあったんですか。
B: 着替えるところを人に見られました。
③ A: 顔色が悪いですね。どうかしましたか。
B: 会社に遅れて部長に注意されました。

16 연습문제

1. ① 子供が学校から帰ります。
お母さんは子供に手を洗わせます。
手を洗うのは誰ですか。
② 妹が重い荷物を持っています。
妹は兄に荷物を持たせます。
荷物を持つのは誰ですか。
③ 私は漢字が書けません。
先生は私に漢字を練習させます。
漢字を練習するのは誰ですか。
④ 弟が新聞を読んでいます。
姉は弟に新聞を持って来させます。
新聞を持ってくるのは誰ですか。

연습문제 듣기대본

2. ① 学生はレポートを書きます。
　　　先生は学生にレポートを書かせます。
　　② 弟は英語を勉強します。
　　　兄は弟に英語を勉強させます。

3. ① 息子は日本語を習いたがっています。
　　② 妹は経済学を専攻したがっています。
　　③ 友だちは会社をやめたがっています。
　　④ 母はキムチ冷蔵庫を買いたがっています。

17 연습문제

1. ① 部長は何時ごろお起きになりますか。
　　② 先生はいつお出かけになりますか。
　　③ 金さんはもうお帰りになりましたか。
　　④ 先生は空港で2時間もお待ちになりました。

2. ① A: 高橋さんは今何をしていますか。
　　　B: 高橋さんは今、新聞をお読みになっています。
　　② A: 先生は今何をしていますか。
　　　B: 先生は今何かをお書きになっています。
　　③ A: 社長は今何をしていますか。
　　　B: 社長は今家へお帰りになっています。

3. ① 店員: 何名さまですか。
　　　客 : 二人です。
　　　店員: すぐお席にご案内いたします。
　　② 客 : バーベキュー味のSサイズとサラダをお願いします。
　　　店員: ご注文の内容をご確認いたします。バーベキュー味のSサイズとサラダですね。
　　③ 店員: お待たせいたしました。
　　　客 : すみませんが、コーラも二杯、お願いします。

18 연습문제

1. ① 部長はいまお宅にいらっしゃいますか。
　　② お父さんはどこへいらっしゃいましたか。
　　③ 山田さんはいつ韓国へいらっしゃいましたか。

2. ① A: 部長はもう出られましたか。
　　　B: いいえ、部長は9時に出られます。
　　② A: 部長は今日、休まれますか。
　　　B: 体の調子が悪くて今日は休まれます。
　　③ A: 社長も今日の会議に出席されますか。
　　　B: はい、今日は社長も出席されます。

3. ① A: 鈴木さん、どうぞ召し上がってください。
　　　B: はい、いただきます。
　　② A: 花子さんはいつ韓国へいらっしゃいましたか。
　　　B: 私は二年前に韓国へまいりました。
　　③ A: お名前は何とおっしゃいますか。
　　　B: 小林と申します。

연습문제 및 퍼즐 정답

01 1. ②

2. ① 止め
   ② 開け
   ③ 咲い

3. ① 掃除し, 掃除し
   ② 買っ, 買っ
   ③ コピーし, コピーし

4. ① 読んで
   ② 帰って
   ③ 食べて

5. (1) ④
   (2) ③

02 1. ⓓ

2. ① 帰っていない
   ② 結婚していない
   ③ 書いていない

3. ① 吸い, 吸わ
   ② 勉強し, 勉強し
   ③ 食べ, 食べ

4. ① に
   ② に
   ③ に

5. (1) ②
   (2) ①

03 1. ⓑ

2. ① 就職した
   ② 借りた
   ③ 見た

3. ① 聞い, 見
   ② 作っ, 掃除し

③ 会っ, 行っ

4. ① 中国, 行った／中国, 行った
   ② 飛行機, 乗った／飛行機, 乗った
   ③ 日本の小説, 読んだ／
      日本の小説, 読んだ

5. (1) ②
   (2) ④

04 1. ③②①④

2. ① でき, でき, テーマパークに行っ
   ② なっ, なっ, 海外旅行をし

3. ① 薬を飲んだ
   ② ゆっくり休んだ
   ③ 眼鏡をかけた

4. ① 入れたあとで
   ② 入ったあとで
   ③ やんだあとで

5. (1) ②
   (2) ③

05 1. ⓓ

2. ① 食べ
   ② 行か
   ③ 飲みすぎ

3. ① 吸っ, 吸わ
   ② 見, 見
   ③ 使っ, 使わ

4. ① なくてもいいです
   ② らないほうがいいです

5. (1) ④
   (2) ③

연습문제 및 퍼즐 정답

06 1. ⓒ

2. ① 雨が降る
   ② 寒い
   ③ 暑い

3. ① 取引先に電話をする
   ② 友だちとテニスをする
   ③ 残業をする
   ④ 買い物をする

4. ① 買って
   ② 勉強して
   ③ 冷え込んで

5. ⑴ ③
   ⑵ ①

07 1. ⓑ

2. ① 運動する
   ② 行く
   ③ 見る
   ④ 寝る

3. ① ピクニックに行く
   ② 雪が降る
   ③ 家にいる

4. ① 行くことにしました
   ② 勉強することにしました
   ③ やめることにしました

5. ⑴ ②
   ⑵ ④

08 1. ① ⓒ
   ② ⓑ
   ③ ⓐ

2. ① 聞こう
   ② かけよう
   ③ 買おう
   ④ 飲もう

3. ① 旅行をしよう
   ② 田舎へ行こう
   ③ 家で休もう
   ④ 運転免許をとろう

4. ① 悪い
   ② 嫌いな
   ③ 行ける

5. ⑴ ④
   ⑵ ③

09 1. ① ⓑ
   ② ⓑ
   ③ ⓐ
   ④ ⓑ

2. ① くれ, もらい
   ② あげ, もらい
   ③ あげ, もらい
   ④ くれ, もらい

3. ① 買って
   ② 貸して
   ③ 教えて

4. ① 父, くれました
   ② 佐々木さんの妹, くれました
   ③ 田中さん, くれました

5. ⑴ ①
   ⑵ ④

10 1. ① ⓑ
   ② ⓐ
   ③ ⓓ
   ④ ⓒ

2. ① 教え
   ② 言っ
   ③ 貸し
   ④ 吸わ

3. ① やめるかもしれません
   ② 乗らないかもしれません
   ③ できるかもしれません

4. (1) ②
   (2) ③

11 1. ① ⓑ
   ② ⓓ
   ③ ⓐ
   ④ ⓒ

2. ① 出かける
   ② 高い
   ③ 親切な

3. ① 降り
   ② 甘
   ③ 暇

4. ① 暖かい
   ② おもしろい
   ③ 咲く

5. (1) ④
   (2) ②

12 1. ① ⓒ
   ② ⓓ
   ③ ⓑ
   ④ ⓐ

2. ① 乗れます
   ② 泳げます
   ③ 食べられます

3. ① テニス
   ② 中国語
   ③ ピアノ
   ④ スパゲッティ

4. ① 話せ
   ② かけられ
   ③ 使え

5. (1) ③
   (2) ①

13 1. ① ⓑ
   ② ⓐ
   ③ ⓒ
   ④ ⓓ

2. ① くだもの
   ② 暑い
   ③ 好き

3. ① 食べた
   ② 着いた
   ③ 出発した
   ④ 飲んだ

4. ① 運動する, 健康になり
   ② 寒い所で遊ぶ, 風邪を引き
   ③ そのボタンを押す, 電気が消え

5. (1) ③
   (2) ②

14 1. ⓑ

2. ① ジョギングする
   ② 新聞を読む
   ③ 英語の学院に行く

3. ① 飲ま
   ② 見
   ③ 食べ

연습문제 및 퍼즐 정답

4. ① 持つようになりました
   ② 送るようになりました
   ③ できるようになりました

5. (1) ①
   (2) ③

15

1. ① ⓑ
   ② ⓑ
   ③ ⓐ
   ④ ⓑ

2. ① 泣かれて
   ② 降られて
   ③ 踏まれて

3. ① はさまれました
   ② 見られました
   ③ 注意されました

4. ① は, に
   ② は, に
   ③ は, に, を

5. (1) ④
   (2) ②

16

1. ① ⓐ
   ② ⓑ
   ③ ⓑ
   ④ ⓑ

2. ① 書きます, 書かせます
   ② 勉強します, 勉強させます

3. ① 息子, 日本語, 習い
   ② 妹, 経済学, 専攻し
   ③ 友だち, 会社, やめ
   ④ 母, キムチ冷蔵庫, 買い

4. ① は, を
   ② は, を, へ
   ③ は, に, を

   ④ は, を

5. (1) ②
   (2) ④

17

1. ① ⓐ
   ② ⓑ
   ③ ⓒ
   ④ ⓐ

2. ① 読み
   ② 書き
   ③ 帰り

3. ① 案内
   ② 確認
   ③ 待たせ

4. ① お話しください
   ② お送りください
   ③ お貸しください

5. (1) ②
   (2) ①

18

1. ① ⓐ
   ② ⓒ
   ③ ⓑ

2. ① 出られ, 出られ
   ② 休まれ, 休まれ
   ③ 出席され, 出席され

3. ① 召し上がっ, いただき
   ② いらっしゃい, まいり
   ③ おっしゃい, 申し

4. ① ください
   ② なさい
   ③ まいり

5. (1) ④
   (2) ②

03 -p.34

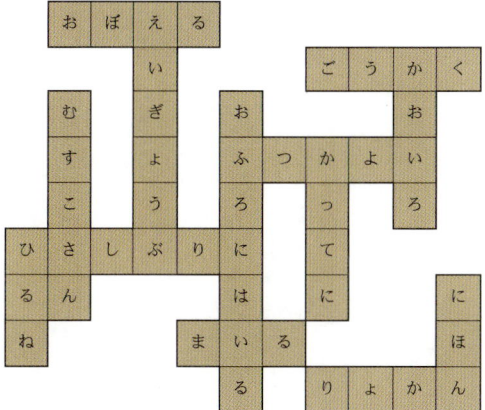

09 -p.86

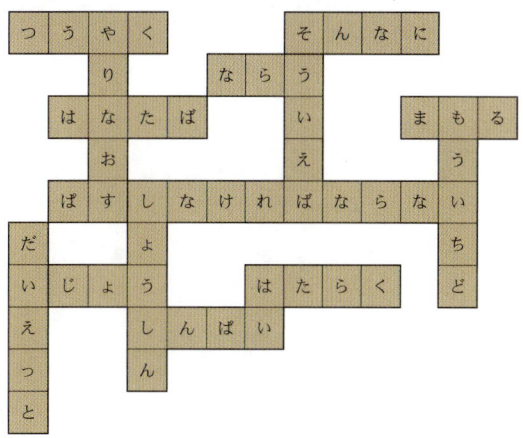

06 -p.60

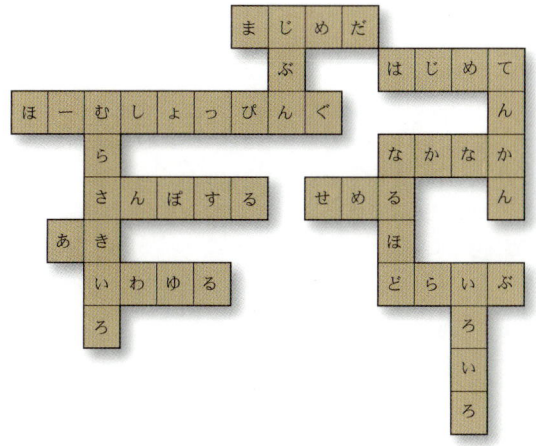

12 -p.112

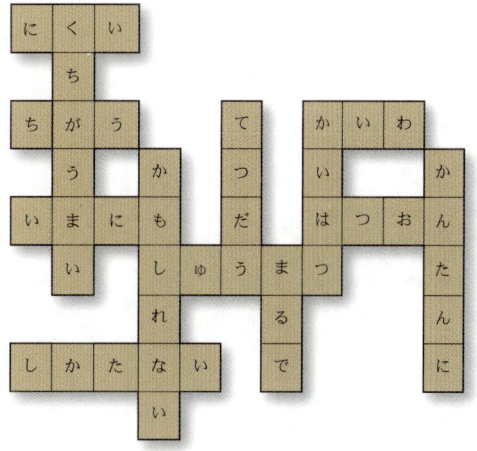

15 -p.138

| て | つ | だ | っ | て | く | だ | さ | い | ま | せ | ん | か |

18 -p.164

| い | ち | ど | お | め | に | か | か | り | た | い | で | す |

New 다락원 일본어 step 2

지은이 최충희, 마치다 고유키, 박민영
펴낸이 정규도
펴낸곳 (주)다락원

초판 1쇄 발행 2002년 3월 9일
초판 11쇄 발행 2006년 8월 25일
개정1판 1쇄 발행 2006년 12월 18일
개정1판 19쇄 발행 2025년 2월 19일

책임편집 이경숙, 송화록, 김유미
디자인 서해숙, 오연주
일러스트 유겨레, 김지숙

다락원 경기도 파주시 문발로 211
내용문의: (02)736-2031 내선 460~465
구입문의: (02)736-2031 내선 250~252
Fax: (02)732-2037
출판등록 1977년 9월 16일 제406-2008-000007호

Copyright ⓒ 2006, 최충희, 마치다 고유키, 박민영

저자 및 출판사의 허락 없이 이 책의 일부 또는 전부를 무단 복제·전재·발췌할 수 없습니다. 구입 후 철회는 회사 내규에 부합하는 경우에 가능하므로 구입문의처에 문의하시기 바랍니다. 분실·파손 등에 따른 소비자 피해에 대해서는 공정거래위원회에서 고시한 소비자 분쟁 해결 기준에 따라 보상 가능합니다. 잘못된 책은 바꿔 드립니다.

ISBN 978-89-5995-278-6 18730
ISBN 978-89-5995-275-5 (세트)

http://www.darakwon.co.kr

- 다락원 홈페이지 자료실에서 **본문 회화의 해석**, MP3 파일 (**무료**)을 다운로드 받으실 수 있습니다.